清正为官

郦波评说海瑞

郦　波◎著

中国工人出版社

图书在版编目（CIP）数据

清正为官：郦波评说海瑞 / 郦波著. —北京：中国工人出版社，2016.5
ISBN 978-7-5008-6398-4

Ⅰ.①清… Ⅱ.①郦… Ⅲ.①海瑞（1514～1587）—评传 Ⅳ①K827=48

中国版本图书馆CIP数据核字（2016）第095622号

清正为官：郦波评说海瑞

出 版 人	芮宗金
责任编辑	葛忠雨　刘冠华
责任校对	董春娜
责任印制	黄　丽
出版发行	中国工人出版社
地　　址	北京市东城区鼓楼外大街45号　邮编：100120
网　　址	http://www.wp-china.com
电　　话	（010）62350006（总编室）　（010）62005039（出版物流部） （010）62379038（社科文艺分社）
发行热线	（010）62005049　（010）62005042（传真）
经　　销	各地书店
印　　刷	三河市东方印刷有限公司
开　　本	710毫米×1000毫米　1/16
印　　张	15.25
字　　数	160千字
版　　次	2016年7月第1版　2019年1月第4次印刷
定　　价	32.00元

本书如有破损、缺页、装订错误，请与本社出版物流部联系更换

序言

小民们千百年来一直有一种“清官”情结——遇得到清官便极力赞颂，遇不到清官便极力呼唤——这使得“清官”一词，生生地成了中国官文化中的珍品。

其实可以理解，因为在漫长的历史长河中，中国一直是一个盛产清官而又清官稀缺的国度。既“盛产”，又“稀缺”，岂非矛盾?

没错，就是这么矛盾！历史就是在矛盾中迤逦前行的。

先说“盛产”。

“清官”一词，原本与清官无关。《晋书·何遵传》曾云，何遵之子何嵩“博观坟籍，尤善《史》《汉》，少历清官，领著作郎”。这里的“清官”，其实是“清要的官职”的意思，这也是唐五代以前“清官”一词的普遍含义。

此前，与后来的“清官”意思最为接近的词叫作“循吏”。司马迁创作《史记》，专列一篇“循吏列传”，要为那些能办事且不贪的官员列传，以盛扬其名。这种名声当然是令名，是好名声，而这些人则是官员的表率，是值得称颂与呼唤的。所以，这样的“循吏”后来又被称为“廉吏”“能吏”“良吏”，其实也就是后来的“清官”。

因为司马迁开了一个头，所以后来官修正史，大多都有“循吏传”“良吏传”“能吏传”之类的专篇。

像立有“循吏列传”的有《史记》《汉书》《后汉书》《北齐书》《南史》《北史》《隋书》《新唐书》《宋史》《金史》《明史》和《清史稿》。像立有“良吏列传”的有《晋书》《宋书》《梁书》《魏书》《旧唐书》和《元史》。另外，像《辽史》中立有“能吏列传”，而《南齐书》中更有“良政列传”。

于是，洋洋洒洒的史书卷帙浩繁，也就有了大量的清官问世。既然正史里有这么多清官的传记，那么说封建王朝的中国是一个“盛产”清官的国度，应该其言不虚。

想来也觉得有趣，按说清官应该是与贪官污吏相对应的，但像开了正史源头的《史记》《汉书》等，有“循吏列传”，但却并没有什么“污吏列传”或“贪官列传”。虽说有“酷吏列传”，但像位列酷吏列传中被权贵侧目的“苍鹰”郅都和“强项令”董宣这样的人，其实反倒是标准的清官。后来，一直到欧阳修的《新唐书》方有了“奸臣传”，算是为后代史书中写贪官污吏的“奸臣传”与“佞臣传”们开了个头。

这样，就不难看出，至少在中国封建王朝的正史记载里，清官的人数是要大大超过贪官污吏的数量的。这倒是一个实在令人惊讶的推断，由此证明，古代的中国“盛产”清官，看来也倒是可以成立的。

但清官数超过贪官数，这怎么可能呢？实在有悖小民们的常识啊！

那就再说“稀缺”。

虽说循吏、良吏、能吏可以说就是清官，但细究起来，循吏、良吏、能吏与清官之间还是有些细微的差别的。

最早提到现代标准意义上的“清官”一词的，是金代元好问所作的《薛明府去思口号诗》。诗云：

能吏寻常见，公廉第一难。

只从明府到，人信有清官。

这里说“能吏寻常见”，仿佛清官倒是很多的。但又说“人信有清官”，仿佛又见出清官的难得一见。那么，到底是可以“寻常见”，还是“难得一见”呢？

这就要说到“寻常见”与“难得一见”的区别了。

说“能吏”可以“寻常见”，到底是谁见到的呢？当然是官府，是衙门，是朝廷，是修史书的统治者们。在他们眼里，中国是一个盛产循吏、能吏的国度，所以当然可以“寻常见”，所以才会有那么多的“循吏列传”“良吏列传”和“能吏列传”问世。

说“清官”难得一见，到底是谁见到的呢？那句“人信有清官”的“人”，当然不是官府的大老爷们，当然也不是高高在上的达官贵人们，当然只能是小民，只能是百姓。所以，在小民眼里，在百姓眼里，真正的清官实在是难得一见。

这就是清官与循吏的本质区别——清官是小民眼里的清官，是百姓眼里的清官，而循吏则是官府眼里的循吏，是朝廷眼里的循吏。

这就可以解释为什么中国既“盛产”清官、又清官“稀缺”了。

“盛产”的“清官”，不过是自上而下的评价；“稀缺”的“清官”却是自下而上的呼唤，是小民们、百姓们对那些正直、廉洁、善良并能给国家与百姓的生活真正带来福祉的官员的称赞。

这样的清官多吗？相较于历史上满眼的官僚与腐败分子，又怎么可能多呢？

这，只不过是一个基于常识的判断！

中国封建社会“家天下”的本质是“私”天下。皇权，或者说皇帝，才是封建社会最大的“贪”者。所以，这也注定了既盛产“清官”又“清官”稀缺是古代中国不可避免的一种历史悲剧。

幸好，“稀缺”不等于“没有”。只要有，就还有希望，就还有让小民们渴望的眼神点燃光芒的可能。海瑞，就代表着这种可能！因为，他是一个典型——不是“盛产”中的典型，而是“稀缺”中的典型。作为小民们眼中、百姓们眼中真正的清官，海瑞用自己简单的人生谱写了历史上最为“稀缺”的“清官”的篇章。

那么，这样一个普通的生命是怎样做到这一切的呢？

请看本书。

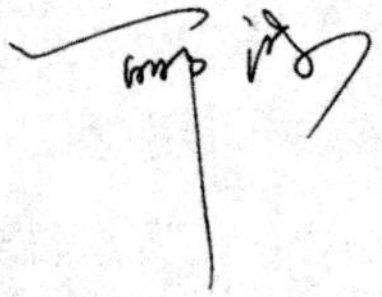

2016年5月1日

目 录

第一章 南平有个『海笔架』

海瑞很不幸，因为他被人起外号的时候，没摊上“让人欢喜”的份儿，他那个“海笔架”的外号曾经一度让他出离地愤怒。为此，他还愤愤然给上级领导写了一封充满着不满情绪的控诉信，并因此差点儿丢掉了前程，可见这个外号对海瑞的伤害程度之大。

但海瑞毕竟不是一般人，他的神奇之处就在于，他明明得到的是一个“让人忧”的外号，可他最终却把它变成了一个“让人喜”的外号，并自得其乐，不仅让人随便称呼，他自己也主动这样称呼自己……

讨厌的外号

明代最有名的清官，当属海瑞。

海瑞第一次出名，是因为一个外号，叫“海笔架”。

说到外号，可是一种“让人欢喜让人忧”的称呼。事实上，我们很多人都有过这种“外号”经历——要么给别人起外号，要么被别人起外号。尤其是男同胞，上学的时候大概总以外号相称的居多，很多人不仅喜欢给同学起外号，甚至还给老师起外号。当然，给别人起外号的人，大多也被别人起过一些稀奇古怪的外号——越是调皮的小男生，就越是这样。

不过外号也分很多种，这就是它让人欢喜也让人忧的地方。

有一种外号让人欢喜，如“白马王子”“白雪公主”之类，专用于帅哥靓女，听上去有几分暧昧，被叫的人也因此更添几分自我陶醉。

有一种外号让人钦佩，如“卧龙”“凤雏”之类，专用于诸葛亮、庞统这些超逸绝伦之士，听上去有几分神秘，被叫的人也因此显得更加神秘。

有一种外号让人敬畏，如“小霸王”“虎痴”之类，一听就可以想见其人的勇猛，孙策与许褚也凭着这样的外号更加勇冠三军。

有一种外号就让人忧伤了，如胖子会被叫成“肥猫”，瘦子会被叫成“麻秆儿”，胸不大会被人叫“微波炉”，胸太大又会被人叫作“阿波罗”。

明代最有名的清官，当属海瑞。海瑞第一次出名，是因为一个外号，叫「海笔架」。

郦波
语录

『学而优则仕』在当时是一个颠扑不破的真理。所以，身在局中的读书人，大多都会按照惯性考下去，『活到老，考到老』，直至『烤焦』了整个惨淡无聊的人生。

宿舍里曾经有位同学最爱睡觉，因此被众舍友封为“教主”。班上有位女生，模样不错，只是因为脖子短了些，便被叫作“藏颈鹿”……如果不幸被起到这样的外号，并还要每天被人前人后地这样称呼，“号主”的忧伤程度可想而知！

海瑞很不幸，因为他被人起外号的时候，没摊上“让人欢喜”的份儿，他那个“海笔架”的外号曾经一度让他出离地愤怒。为此，他还愤愤然给上级领导写了一封充满着不满情绪的控诉信，并因此差点儿丢掉了前程，可见这个外号对海瑞的伤害程度之大。

但海瑞毕竟不是一般人，他的神奇之处就在于，他明明得到的是一个“让人忧”的外号，可他最终却把它变成了一个“让人喜”的外号，并自得其乐，不仅让人随便称呼，他自己也主动这样称呼自己。

更出人意料的是，海瑞觉得一个外号不过瘾，要配就要配成双，所以他比照着这个“海笔架”又给自己起了另外一个外号，叫“海刚峰”。所以，后人都称他为“刚峰先生”，或者直接按他自己起外号的方式，叫他“海刚峰”。

牛人就是牛人！从起外号就可以看出来：海瑞，就是一个牛人！

那么，“海笔架”与“海刚峰”到底是什么意思呢？那个“海笔架”的外号又是怎么得来的呢？海瑞又是如何由愤怒而至喜欢并最终使得这些外号获得了历史生命力的呢？

这都要从“海瑞中举”说起。

自古华山一条道

海瑞是海南琼山人，作为一个读书人，海瑞也免不了要像明清时的知识分子一样——自古华山一条道，只从科举搏功名。

但海瑞毕竟是个牛人，所以海瑞中举远比《儒林外史》中的范进要强得多。范进熬到五十多岁才中了举人，而且发榜时得知中举后，居然高兴得发了疯，幸得杀猪的老丈人胡屠户一巴掌打上来，才醒了过来。海瑞比范进强，熬到 37 岁（按：本书涉及海瑞年龄处，均按虚岁计算），终于考中了举人。考中举人后既不发疯，也不发痴，依然清醒得很，而且，一个重要的表现是，他逐渐开始了对科举考试的批判与反思。

明清的科举考试是一个复杂的系统工程。最低一级叫乡试，就像是现在的高考，考上的叫举人，第一名被称为解元，所以乡试又被称为解试；第二级叫会试，就像现在考硕士，考上的叫贡士，第一名被称为会元；最高一级是殿试，就是皇上亲自在金銮宝殿上御考，这就像现在的考博士，是古代最高级别的考试，过关的人就叫作进士，而第一名就是状元。那从解元考到会元再考中状元的人，就叫“连中三元”，就是全国最有名的大才子了。

整个明代，据说“连中三元”的人只有两个，但每一个考生都曾做过“连中三元”的美梦。

就算不能“连中三元”，“连考三场”“连过三级”也还是要的。万般皆下品，唯有读书高！学成文武艺，货卖帝王家！知识分子，即读书人，就讲究一个“学而优则仕”。而“学而优”的证明就是一级一级地考上去，考不上去就是“不优”，就不能“仕”。只有越“优”，也就是考过的级别越高，你“仕”的起点也才能越高，你当的官也才能越大。这在当时，是一个颠扑不破的真理。

所以，身在局中的读书人，大多都会按照惯性考下去，“活到老，考到老”，直至“烤焦”了整个惨淡无聊的人生。

海瑞考完乡试中举之后，即获得了举人的身份。举人虽然也可以出仕，也就是可以踏入官场了，但因为举人的级别太低，只能做八九品的芝麻官。于是，跟所有“活到老，考到老”的读书人一样，海瑞还是努力地准备考下去。

乡试之后的考试是会试，虽然海瑞很努力，但他考了两次都没考中。因为科举考试每三年一轮，这一下就又耗去了六年。这时候，海瑞已经四十多岁了，实在是老大不小了，所以海瑞痛定思痛，对科举制度做出了深刻的反思，然后毅然地说了一句在当时看来绝对是不合时宜的话。

王国宪的《海忠介公年谱》里记载说：

（海瑞）再上春官不第，遂毅然自决曰：“士君子由科目奋迹，皆得行志，奚必制科。”闰三月谒选，授福建南平县教谕。

海瑞这话的意思是说：难道不通过科举、不考个进士就不能为天下人做事了？难道我堂堂男子汉，不考试就不能一展鸿鹄之志了？我就不信了！我就不考了，随便你给我个什么官儿吧！只要有一颗为人民服务的心，什么官儿我都能做好！这个折磨人的科举我还就不考了！

虽然我们把科举比作高考、考研和考博，但古代科举和现在的考试毕竟不完全一样，一个最本质的区别就是，现在的高考、考研和考博选拔的是优秀的学生，而古代的科举选拔的就是官员。考上举人是可以当官了，但因举人而派下来的官，实在大不到哪里去。从个人仕途考虑，当然越往上考会越好，当官的起点也就会越高。所以，尽量往上考，把“学而优则仕”变成“考而优则仕”，这才是读书人的铁律。

但海瑞居然可以藐视这样的铁律！这是为什么呢？

其实，了解过海瑞的一生，我们就会知道，海瑞这样的人，跟绝大多数“学而优则仕”的知识分子并不一样，他在意的并不是个人的仕途。因为他不在乎当什么样的官，自然可以超越“考而优则仕”的铁律。

因为他只是个举人，又不愿在科举考试里继续耗费青春与生命，吏部就派了他一个芝麻绿豆大小的官儿，让他去做福建延平府南平县的儒学教谕。

这个儒学教谕就相当于官办学校中的教授兼校长。当然，古代官学里的校长和教授那都算是公务员，虽然级别不高，但也算是个官儿——只是实在太小了点儿，像儒学教谕这一职位，常在九品与从八品之间，真是名副其实的芝麻官儿。

但海瑞并不在乎官儿有多小，他一看这还是让自己当老师——这可是人类灵魂的工程师啊！想到这里，他的心中立刻升起了一种庄严而神圣的使命感，于是就壮怀激烈地上任去了。

史上最牛校长

海瑞到了南平县，看到这个边远地区的教育状况非常不理想，就立刻大刀阔斧地施行起教育改革来了。鉴于海校长施行的教育改革是立体的、全方位的，我们选择其中几条有代表性的改革内容来窥斑知豹。

第一，他借鉴朱熹朱老夫子为“民办学院”拟定的《白鹿洞书院学规》，亲自为这所公办学校重拟了内容极为丰富、操作非常便利的规章制度。

第二，他规定学生上课绝对不允许迟到、早退。非有极为特殊的情况，一律不许走读，全都得住校，这样有利于学校的统一管理和教育。

第三，有特殊情况在家居住的走读生，必须在学校留有详细地址及家人联系方式，以便海老师可以随时家访，了解其不在校期间的学习情况。

第四，按学生志愿与特长不同，分为“经义”和“治事”两大书斋，即类似于现在的“文科”和“理科”，要求学生必须学有专长。

第五，每天都要有作业。每月月底都要有月考一次。

第六，每天作业中最重要的是自我评价，即写明今天干过什么好事，以及干过什么坏事——心中闪过的恶念也算。

第七，师生应当一视同仁，老师应严格要求学生，学校也要严格要求老师。

第八，老师每月要有学问上的考核。

第九，老师绝对不允许收受学生及学生家长的任何礼物。

第十，老师应当专注于教学工作，尽量少跟其他政府衙门里的官员打交道。

第十一，全校师生都要尽量少写歌功颂德、徒有形式的马屁文章。

……

如果我们不知道马雅可夫斯基、陶行知先生以及蔡元培先生这些著名的校长兼教育改革家，我们一定可以认为海瑞就是一个“史上最牛校长”。

海瑞的教改不可谓不震撼，不仅面对学生，而且面对老师。我想，在这位“史上最牛校长”坐镇的学校里，兼职做家教和办“奥数班”这样谋私利的事儿，一定没有生存的土壤。

在海瑞海校长的改革努力下，南平县的教育水平很快有了巨大的改观。这样一来，居然惊动了市里的领导。有一天，市长大人，也就是延平府的知府，突然率领着市里的几套班子一起下基层到县里考察来了。

按照明朝官场上的规矩，下级官员见到上级领导都得“施礼”。这个

施礼可不是简单地握个手、敬个礼，或者喊两嗓子“领导辛苦了”。这个施礼得施大礼，得行跪拜之礼。所以，当市长带着几套领导班子成员出现在县学里的时候，所有现场的学生和官员“呼啦”一下，全都跪下去了。

海瑞身边站着的两位副校长，想也没想，自然跟着大伙儿都一起跪下去了。哪知道，中间的海校长出人意料——他居然没有跪，只一弯身，作了个揖，然后朗声说道：“县学教谕海瑞迎见知府及各位大人。”

这一下所有人都呆了，首先就是县学里的各位师生呆了，大家都想，海校长真不愧是“史上最牛校长”，这个表现是前所未见啊！

接着，市里下来的这批领导也都一愣，因为这明显不合当时官场上的规矩。

大家虽然都很奇怪，可也没人说什么，因为知府大人亲自带队下来视察，一把手没说什么，别人也不好说什么啊！

但我们说，真正的领导虽然不喜欢摆架子，可那些喜欢把自己当领导的人偏偏就喜欢摆架子。在场有一位延平府的同知，也就相当于一位副市长，当时就不高兴了。他也不直接质问海瑞为何不跪，而是拐弯抹角地在众人的沉默里来了句调侃的话。

他一吊嗓子，慢条斯理地说：“哪儿来的一个山笔架竖在这儿啊？”

他这话一说，当时所有的人一下子哄堂大笑。因为海瑞站在中间，两位副校长跪在他的两边，这个形状像什么呢？正活像是古代搁毛笔用的笔架子。这种形状很容易理解，所以有些地方还有些旅游景点就叫笔架山。再加上海瑞的名字叫“瑞”——“瑞”这个字里刚好也有个“山”字旁，所以这位副市长调侃海瑞是个“山笔架”确实很形象，大家一听也就都乐了。

海瑞听了当时就很不高兴，但人家也没问你为啥不跪，你也不好申辩啊！其实大家都知道海瑞不跪的理由。因为县学里是教育圣地，大明律法规定，在这种地方只有万世师表孔子最大，而下级给上级行下跪礼只是明代官场约定俗成的规矩而已。大多数人都跪，那是因为在官场待久了，骨头软了；而海瑞不跪，是他坚持自己的师道尊严。

据说这件事后，海瑞非常生气。尤其是这个“山笔架”的外号是副市长起的，这一下县里、市里就迅速传开了，弄得别人都在背后喊他“山笔架”或者是“海笔架”。海瑞当然知道别人都这么喊他，但他也堵不住别人的嘴啊！所以，一气之下，他居然就打了份辞职报告。

他在辞职报告里说：

本职初官，遽不得上人意，这等世界究竟做成甚事业？母老在堂，归期指日。(《丘海二公文集合编·土集·申海南道陈双山文》)

意思是说，我怀着满腔的抱负与理想踏入为人民服务的“公仆”行列，哪成想刚当官，只不过维护了师道尊严不下跪，上级领导就对我这个样子！还公然给我起外号！这到底是个什么世界啊？这个官场怎么会这样呢？算了，家里还有 80 岁老母呢，我准备回家去孝敬老母亲，这个校长啊，我不打算做了。

结果这份报告送到市里之后，领导很重视，后果很严重，立刻就有市领导进行了批示。那么，是谁批的呢？

就是那位给海瑞起外号的延平府同知，即副市长大人。他本来就对海瑞很有意见，要不他也不会当众取笑海瑞给他起个“山笔架”外号了。所以，他大笔一挥，同意辞职——你这个笔架子给我趁早回家去吧！

这下可好，海瑞初入官场，没干半年，居然因为一个外号辞职了。但海瑞要是真的走了，也就很难再回官场了。因为在明代，对于地方官和低级官吏而言，你要是主动辞职的，一般吏部再难起用。

可要这样的话，又哪儿来的后来明代历史上那个最有名的清官呢？

我们暂且先放下海校长的“外号辞职事件”，先来看一下海瑞海校长在这件事里的做法到底有什么独特之处。

第一个独特之处，就是他不肯随大溜儿。

别人都跪，就他不跪，不按常规来，不按游戏规则出牌，这决定了他注定是一个特立独行者。但这种特立独行，一不是现代人喜欢的作秀，二也不是现代人擅长的炒作，他真的是因为自我心中有独立的信念，所以才有了自己独特的行为方式。

第二个独特之处，就是他这人很认真，甚至很较真儿，居然为了一个外号就要辞职不干。

要知道他要是辞职了，而且还被批准了的话，他就很难再回到官场上来了。这样，他的理想、他的抱负，也就无从谈起了。一般我们说“两害相权取其轻”，换作大多数人，我想在理想、抱负和被人起了个外号之间，肯定会做一个比较理智的选择。

况且这个“海笔架”的外号，虽然确实是个外号，但也只不过是个客观形状的描述，除了比较形象之外，也还不到侮辱性词汇的地步。要叫你“海王八”“海贼王”“海扁王”什么的你跟他急也就罢了。一个“海笔架”就闹到要辞职，这样做是不是太极端了呢？

可海瑞就是这么完全不计后果，他愤而辞职的背后，其实是别人根本难以理解的率真个性，还有大多数人难以企及的职业操守。

那么，这是一种什么样的个性与操守呢？

这都要从海瑞从小所接受的教育说起。

好妈妈胜过好老师

海瑞是一个孤儿，他四岁的时候父亲就去世了，是母亲谢氏把海瑞这个独生子一手拉扯大的。

说到谢氏把幼年丧父的海瑞一手拉扯大，并最终培养成了一个杰出的人才，我就不由得想说一下中国古代历史上一种非常独特的教育现象——孤儿寡母。

不知道大家注意到没有，中国历史上有很多很有成就的伟人，都是在“孤儿寡母”的情况下被培养出来的。

比如儒家的两位圣人——孔子和孟子。孔子两岁就死了爹，是他母亲一手把他带大的。孟子也是母亲教育出来的，我们都听说过“孟母三迁”“孟母断织”这些孟母教子的事，但谁听说过孟父教子的啊？

孔孟之前也有类似的例子。像大禹治水的大禹，他爹在他十岁的时候就被舜给杀了，是他母亲一手把他带大的。

孔孟之后那就太多了，随便举几个吧！

比如，魏晋的陶渊明，那是中国田园诗歌的祖宗，八岁丧父，母亲带大的。

再比如，佛教禅宗的六祖慧能——就是写那个“菩提本非树，明镜亦非台”的那位，三岁爹就死了，孤儿寡母，又举目无亲，也是他娘把他带大的。

宋代的就多了，岳飞大家都知道，岳母刺字嘛——没听过“岳父刺字”的吧？那是因为岳飞他爹在岳飞刚生下来没多久就死了；欧阳修，那是宋代文坛盟主啊！小时候爹死得早，他娘用芦荻在泥地上画字教他认字，一点儿文化基础全是他娘教的。

大词人辛弃疾，早年丧父，而且是住在“敌占区”——当时住在济南，金兵占领的地方嘛！母亲把他拉扯大，多不容易；还有就是那位宋明理学的第一人、中国儒学发展的一个里程碑式的人物——朱熹，14 岁丧父，与母亲寄人篱下，发愤苦读，终成一代大师。

明清也有很多，别人我们不说，海瑞就是最典型的一个，可以这么说，没有海瑞他妈，就没有后来的海瑞！

这话听着好像是句废话。但我想意思大家都懂——没有海瑞他妈对他的教育，就没有后来那个彪炳史册的海瑞！

为什么这些平凡的母亲可以教育出这些不平凡的孩子来呢？

我想，这其中一定牵扯到很多教育学方面的理论，甚至完全可以做出一篇专业的学术论文来，但我们在这里要说的是，中国的母亲，在家庭教育方面实在有着一般人难以想象的潜能。

像海瑞的母亲就是一个典型。她在自己丈夫死后，在窘迫而残酷的现实面前，没有低头，没有埋怨命运的不公，而是下定决心，无论如何也要把海瑞培养成才。于是，一段惊天地、泣鬼神的"海母教子"的典型个案就呈现在了世人的面前。

我们比照"孟母教子""三娘教子"的说法，称之为"海母教子"——但希望不要把"海母"和"水母"混为一谈。

对于这段"海母教子"的漫长历程，后来海瑞在人到中年的时候还曾动情地回忆说：

瑞甫四岁丧父，时母谢氏年二十八……母幼粗识书史语，瑞少学，口授《孝经》《书》《庸》等篇……先后苦针裁、营衣食、节费资、督瑞学，至今虽衰疾相仍，不能一息少暇女事，为疾忧计。日夜同瑞寝处。访询戚近，惓惓然举而托之严明之师，以琢以磨，兼有父道。瑞今日稍知礼仪，勉自慎饬，若非冲年背父者，尽母氏谆谆开我力也。(《海瑞集·与琼乡诸

先生书》)

这一大段话，交代了非常丰富的信息。首先是说，他爹死的时候，海瑞才 4 岁，而当时他娘才 28 岁。然后海瑞就交代“海母教子”的漫长历程和丰富内涵。

先是幼年的启蒙教育，这是由母亲亲自来完成的。

谢氏“幼粗识书史语”，也就是大概上过两天小学，认得一些字，读过一些书，但就凭着这个薄弱的文化基础，她就开始教年幼的海瑞读《孝经》《尚书》《中庸》等这些儒家的经典。所以我们现在还提倡读经运动，对于年幼的孩子来说，反复诵读一些经典文本，一定是有好处的，海瑞无疑就是一个证明。

在打下读经的基础之后，谢氏开始琢磨着要送海瑞出去读书。

但海瑞父亲去世之后，家里生活条件很艰苦，温饱还成问题呢，怎么有钱去读书呢？可谢氏就有着坚韧不拔的毅力，她辛苦劳作，节衣缩食，凭着“再穷不能穷教育，再苦不能苦孩子”的坚强信念，硬是在艰难度日的情况下，让海瑞上了学，而且是“托之严明之师”，说明找的是好老师，上的是好学校。这已经不逊于“孟母三迁”时孟母对孟子所付出的教育成本了。

除了以上两点之外，“海母教子”比当初的“孟母教子”还要突出的一点是，这位“海母”不仅是言传身教，她还是海瑞成长过程中最严格的监督者。

据明人的一些笔记里记载的情况来看，海瑞的母亲是一个既严于律己、又更加严于律人的人。尤其是对小海瑞，她的严格几乎到了难以想象的地步。

据说，谢氏要求海瑞从小就要树立崇高的理想，所以一言一行都必须要以古代的圣人为榜样。有一次海瑞跟小同学放学回家后，因为路上听小同学说了个好笑的笑话，回来就笑呵呵地学给母亲听。大概这个笑话也实在可笑，小海瑞自己说完后，实在忍不住，就乐呵呵地笑个不停。

可笑着笑着海瑞就“笑渐不闻声渐悄”了，也就是笑着笑着就笑不出来了。

为什么呢？因为他发现他妈一点儿都没笑，不仅没笑，而且还冷冷地看着他。

海瑞知道不好了。果然，他妈等他笑不出声了，劈头盖脸地就把小海瑞数落了一顿，说圣人有这样好为“戏谑”的吗？就是说圣人有这么不庄重、不端重的吗？圣人之所以是圣人，是因为他们把一言一行都当成立身的根本。你现在这么戏谑成性，嘻嘻哈哈的，将来心术就不会端正；心术不端正，你还怎么能成为一个圣人一样的人呢？你的人生理想，母亲我对你的期望岂非全要落空？你说你这样怎么对得起我啊！

谢氏说着说着，简直就要声泪俱下了。海瑞本想让娘笑，这一下差点儿把他妈弄哭了，所以他心里害怕极了。据说，打这儿以后，海瑞再也不敢戏谑了，不仅不敢说笑话，甚至跟小朋友玩游戏都不敢。

所以，明人笔记里说：

谢氏志教育，有戏谑，必严词正色诲之。（明朱国桢《涌幢小品·卷二·海忠介实际》）

也就是说，谢氏对小海瑞看得很严，一言一行，一颦一笑，都要合乎圣人之道。所以，在这种长期的严格教育下，海瑞也基本上继承了他母亲的光荣传统——既严于律己，更严于律人！

你看，连小朋友说个笑话也算嬉皮笑脸，也算心术不端正，我们以现果然，他妈等他笑不出声了，劈头盖脸地、就把小海瑞数落了一顿，说圣人有这样好为『戏谑』的吗？

郦波
语录

就是因为『海母教子』的这种教育特色，海瑞的人生理想、个性品格乃至后来的职业操守都典型地体现为两个字：一个是『忠』，一个是『直』。这个『忠』可不只是忠君和孝道的思想，还有一份对人生信仰乃至信条的绝对忠诚。

代人的眼光看，这简直就是上纲上线，对不对？

可谢氏这位严母不管这些！为了把海瑞培养成她心中的理想模式，她在海瑞成长的过程中一直严格要求并严格监督海瑞。为了能严格监督，她甚至在有生之年一直都保持着一个极为奇特的习惯，那就是不论海瑞多大，只要是跟自己生活在一起，她就得跟海瑞睡在同一个屋里。

为什么这样呢？很简单，好随时监督，好时刻耳提面命，进行教育。

后来，一直到海瑞娶了老婆、生了孩子，谢氏也要跟海瑞他们睡在一个屋。所以，在后来的家庭生活里，海瑞好几次娶妻又休妻，也就是说，没有哪个老婆能跟着他过得长久的，他母亲可以说是一个非常重要的原因。

可以说，海瑞一生天不怕、地不怕——连天王老子和皇帝老儿他都不怕，但他只怕他母亲一个人。而他日常所有的生活，也基本在他母亲的监督与督促之下。

所以，海瑞才说："瑞今日稍知礼仪……尽母氏谆谆开我力也。"也就是说，我之所以懂圣人礼仪，成为一个顶天立地的男子汉，那都是母亲一手教育的成果！

这就是明史上有名的"海母教子"！

就是因为"海母教子"的这种教育特色，海瑞的人生理想、个性品格乃至后来的职业操守都典型地体现为两个字：一个是"忠"，一个是"直"。

这个"忠"可不只是忠君和孝道的思想，还有一份对人生信仰乃至信条的绝对忠诚。

精神导师

海瑞上学的时候，曾经写过一篇有名的文章，在当时就被同学们传为奇文。海瑞的这篇文章其实也就是作文课上的一篇习作，奇就奇在他的写作方式很独特。海瑞在文章中说有一天他正在读圣贤书的时候，一个神出现了。他站在海瑞面前问这个读书郎：

海瑞，你知道人活在这个世上不能白活的道理吗？

海瑞，你知道一个读书人应该努力向圣人学习吗？

海瑞，将来中了科举、当了官之后，大家都会贪污腐败，你会吗？

海瑞，看到别人华堂美服、妻妾成群，你会动心吗？

海瑞，在这个拜金的世界里，你能自始至终做到洁身自好吗？

海瑞，你能一辈子言行一致、实事求是、不说空话吗？

海瑞，你能永远不趋炎附势、欺世盗名、文过饰非、自私自利吗？

海瑞，你能即使爬上卿相大夫的高位，也以国家为重，以民生为重，而不以自身名望为重吗？

神的问题很残酷，也很沉重，估计任谁在这些问题面前，都只能感慨地说："额滴个神啊！你哪来那么多的问题呢？"

可海瑞的每一个回答都十分坚定，都丝毫不犹豫，丝毫不给自己留后路。最后海瑞甚至发誓说："呜呼，瑞有一干此，不如速死！"就是说，我只要违背了任何一条，神啊，你就收了我吧！

据说看到这篇文章的同学们，从此以后就把海瑞同学当作神人来看待了。

这就是海瑞的"忠"，对人生信仰的坚守有着绝大的念力。海瑞可以说是一个个人信念极其强大的人，用现在的话来说，就是个"小宇宙"极其强大的人。所以，当做一个清官成为海瑞的人生理想之后，他对这种理想的坚持，那绝对是一般人难以想象的。

因为“忠”，所以“直”，海瑞的行为方式受他母亲的影响，典型地表现出一种刚直的特点来。

后来，在学校读书的时候，因为他特别刚直，特别有主见，再加上特别有学问，一举一动又有圣人风范，所以不论是同学还是老师，大家对他的态度居然不是喜爱和称赞，而是尊敬与敬畏。《海忠介公年谱》里就说：

郡学博且严敬之，不敢问馈遗常例。人咸称为道学先生。相率师事之。

就是说大家都尊称他为“道学先生”。这个道学先生不是我们现在讽刺人说的那种“伪道学”，在宋明理学盛行的时代，这对个人来说，可是个极其推崇的尊称！这就是说，海瑞在学校读书的时候就是个道德楷模，学校里所有的同学都因此不把他当同学看。

那不把他当同学看，又当什么看呢？当老师看！而且是当精神导师看！

学校里原来的老师，大家反倒不是太当回事儿，可对海瑞就不一样了，同学们都把他当成了精神导师。不仅如此，连学校里的老师们也都认可这一点，也就是说，全校师生都愿意把海瑞这个年轻人当成自己的精神导师。你说这还得了，这简直就有点儿宗教的意思了。

所以，在这种成长环境下，再加上海母教子的小环境，海瑞的个性、性格、气质、心理特征，包括个人的理想、信念、信仰的形成，都开始远远超乎一般人的想象。等到他考中科举，进入了官场，一个在大明历史上必将有着惊人之举的海瑞也就出现了。

只不过，这时候官场上的那些政客还不知道，有这么一位牛人，即将在大明的历史上书写上浓墨重彩的一笔罢了。

因为这种极其忠直的职业操守和个性特征，初入官场的海瑞自然对“山笔架”这个外号极为恼火。

他刚直嘛——是可忍，孰不可忍，于是就递了一篇辞职报告来表达自己的愤慨。但问题是，如果这份主动要求辞职的报告被批下来了，按照明代官场上的规矩，海瑞要想再进官场可就难了，一个名震历史的大清官也就不复存在了。

可要命的是，这份辞职报告还就是被批准了——因为这份辞职报告刚好就被转到了那位给海瑞起外号的延平府同知手里。

一切都像是已经不可挽回。

那么，海瑞的辞职到底有没有成功呢？

第二章 生命中的贵人

海瑞的第一个贵人，是命运里“无意”中出现的。

当然，对于海瑞这样的牛人，命运之神绝对不会只为他安排一个“无意”中出现的“贵人”，一定还会为他刻意安排下“有意”的“贵人”。

那么，谁是他生命中“有意”的“贵人”呢？

冲动是魔鬼

算命的有种说法，说有些人命里总能遇上贵人。贵人是那些在关键时候能帮你一把、拉你一下的人——不论他是有意还是无意的。

有一种“贵人”的出现，是上天安排的，他对你的帮助可能是无意的，却好像是命运安排好了的一样。

1918 年 9 月 28 日，在第一次世界大战的战场上，有一个名叫亨利的英国士兵，在攻陷德军的阵地后打扫战场的时候，突然发现了一个受伤的德国士兵，正从一个坑道里艰难地爬出来。

亨利走上前举起枪，本能地瞄准了这个失魂落魄的德国伤兵。有那么几秒钟，这个德国伤兵以为自己马上就要死了。可过了一会儿，亨利却放下了枪，示意他可以离开。原来，亨利一瞬间动了恻隐之心，不忍心再开枪射击这个已经伤痕累累的德国士兵。于是，在亨利这个“贵人”一时间无意的帮助下，那个名叫阿道夫·希特勒的德国伤兵幸运地逃出生天。

后来，亨利和他的三名家人均死于由他放走的那个德国伤兵一手挑起的第二次世界大战。

亨利怎能不算是希特勒的“贵人”呢？虽然他只是无意间做出了一个当时看似善良、后来却导致了重大悲剧的选择。

可要命的是这份辞职报告还、就是被批准了——因为这份辞职报告刚好、就被转到了那位给海瑞起外号的延平府同知手里。

郦波语录

后来，海瑞曾惹下不少滔天大祸，很多次都是在朱衡的鼎力帮助下得以安然渡过难关，所以说朱衡是海瑞命里『有意』的『贵人』，实在并不过分。

在这一点上，海瑞也像希特勒，虽然他开始进入官场时只是个无名小卒，屡屡碰壁，但他总能遇上有意无意中帮他渡过难关的“贵人”。

海瑞初入官场，在南平做儒学教谕，也就是官办学校的校长兼教授。虽然只是一个校长，海瑞却干得有声有色；虽然只是一个九品的芝麻官，海瑞却能做到不卑不亢。在延平府知府率领“市领导班子”考察时，昂然独立，长揖不跪，以致满场震惊，最终被延平府同知当场取了个“山笔架”的外号。

海瑞对于副市长大人给他起外号的行为大为不满，可考察团匆匆地来，又匆匆地去，再加上市长大人本人对此不置可否，海瑞竟没有得到表达不满意见的机会。但海校长毕竟是“史上最牛校长”，在市领导的考察团打道回府之后，海瑞愤愤然递交了一份辞职报告，主要理由便是副市长当众给他起外号。

这份表达不满情绪的辞职报告恰好就送到了那位副市长的手上，他冷笑一声，大笔一挥，便同意了海瑞的辞职。海瑞这一去，按照明代官场的规矩，可能永不录用。

海瑞并非不知后果会如此严重，但他心中一股怒气不可按捺，他的刚直性格也毕竟大异于常人，再加上初入官场，也有几分意气用事，于是事情就发展到了这样不可挽回的地步。

就在这个关键的时刻，那位由命运安排的贵人出现了。这位贵人跟亨利一样，是“无意”中出现的。他就是延平府的知府，也就是一把手的“市长大人”。

这位市长大人在南平检查工作的现场，亲眼看见了海瑞被起外号的整个过程。在副市长给海瑞起外号的那刻，他也觉得甚为形象，也跟着大家一起笑了起来。但作为带队的一把手，他对海瑞的揖而不跪，只是稍觉有些奇怪，却也没有怪罪。几声笑语后，便把此事抛在了脑后，等回府后也就把这事给忘了。

一天，他在检阅公文时无意中看到了一份批复，正是副市长批复同意海瑞辞职的那份文件。幸好，这位市长大人跟英国小兵亨利一样有着恻隐之心，等他了解了情况之后，便亲自叮嘱人事部门负责此事的工作人员：“海瑞虽有些不敬，但他并没有错。况且他在县学的工作有声有色，上次其实是我考虑欠周，才让他当众难堪了。若因此使他致仕回籍，倒是我的不是了。这样吧，此卷压下，不必施行。”

于是，在这位一把手的亲自过问下，海瑞的辞职报告便被永远地压在了废旧卷宗中。

而那位给海瑞起了“山笔架”这个颇具创意的外号的副市长，看到市长如此表态，也就只好作罢。

只是海瑞并不知道其中的变化。他本来愤愤然递交了辞职报告，只为表达自己不满与愤慨的情绪，后来也愤愤然随时准备卷铺盖走人，可再后来，等来等去，看看上级没什么动静，也就日渐无所谓起来，还是一门心思去当他的最牛校长，去搞他的教育改革了。

所以说，海瑞的第一个贵人，是命运里“无意”中出现的。

当然，对于海瑞这样的牛人，命运之神绝对不会只为他安排一个“无意”中出现的“贵人”，一定还会为他刻意安排下“有意”的“贵人”。

什么是“有意”的“贵人”呢？

与海瑞生活在同一个时代的名将戚继光，年轻时虽然自负经天纬地之才，却不被人看重。大概有才的人都有几分天生的傲气，所以从军之初，戚继光总是被人压制，仗也不让打，兵也不让带，满怀抱负的他空有一腔热血，却总是有志难伸。就算是被派到了南方抗倭前线，他最初也只是个管后勤的屯粮官。

可戚继光不甘寂寞，对南方抗倭形势与客观条件进行仔细观察，并最终写出了几篇调查报告。可在递交上级后，就变得杳无音讯。

年轻的戚继光有些沮丧，但却不知道，他命里的“贵人”已经出现。正是那几篇出色的调查报告使得一个人充分地注意到了这个年轻将领的才华，并在此后的岁月中，将戚继光一步步扶上了抗倭英雄的位置。

这个人，就是当时的直浙总督胡宗宪。

胡宗宪了解到戚继光的才华，却并不立刻予以重用，而是不停地把这个年轻人放在最基层的不同岗位上进行磨炼。后来，宁绍台参将一职有缺——这是一个带兵的实职，又是肥缺，各路买官、跑官、要官的人马全盯住了这个位置，连朝廷里的大员也不断有招呼打来。可出乎所有人的意料，没有后台、没有资本、更没有战绩的戚继光居然荣升了宁绍台参将一职。

后来，戚继光努力作战，却也并没有什么耀人的战绩。他痛定思痛，反思之下，认为明军实在太过腐败，所以要求自练新军，并当面向胡宗宪提出。胡宗宪只冷哼一声，说：“浙江人要练得出来，我还用你来练？”

可事过不久，胡宗宪则亲自调拨新军帮助戚继光完成练兵计划。

胡宗宪从来不在戚继光面前假以颜色，却总在背后默默予以支持。正是在胡宗宪的鼎力帮助下，戚继光终于跨越一个又一个障碍，最终练就无敌的“戚家军”，并横扫东南，彻底平定了长达百年之久的倭寇之乱。

可以说，胡宗宪就是命运为戚继光安排下的那个“有意”的“贵人”。

命运也为海瑞安排过这样一个“有意”的“贵人”，他的名字叫朱衡。而朱衡的出现，还是要从“海笔架”第二次“笔架山”般的行为说起。

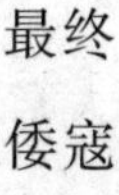

得罪了钦差大臣

有一句话叫“福无双至，祸不单行”，可我们又常说“好事成双”，真不知道成双的到底是好事，还是祸事。对于海瑞来说，不管这种“笔架山”行为是好事还是祸事，它反正是成双了。

据说，在“海笔架”这个外号叫开来之后不久，朝廷的一位巡按御史又到南平来检查工作。这可是钦差大臣，那分量可比市长大人还要重。巧了，钦差大人点名要视察当地的县学，这下市里下来陪同的人员立刻紧张起来。

为什么紧张呢？原因很简单，因为县学里有个“海笔架”呗！

这个“海笔架”上次见到市长就不肯下跪，这次再像上次一样，钦差大人要是火起来，那可不得了。副市长发火，只不过起个外号而已；要是钦差大人发起火来，延平府上下官员恐怕都要背上一个罪名。

所以，市里下来陪同检查的人特意打了个前站，不仅到南平县衙就接待工作作了详细的交代，而且还特意叮嘱县衙要到县学里把接待工作安排好——尤其是那个“海笔架”，你们知道的，一定要“落实”好。

县令闻听此言，如临大敌，亲自到县学来布置接待工作，并特意叮嘱大家一定要按官场礼仪行事，千万不可再特立独行。

这话虽然没有明说“海笔架”的典故由来，但说者有心，听者明意，大家都知道说的就是海瑞。

海瑞一听就很恼火，写辞职报告时的愤然情绪瞬时又燃遍了全身。可他什么也没说，只冷哼了一声，静待钦差大人的到来。

钦差大人的检查团终于来了。钦差大人一进县学，县衙和学校的官员“呼啦”跪了一地。钦差正要客气地请大家起身，抬眼却一愣，不由得傻在当地。

只见所跪众人之中，有一瘦长儒师，只是长揖一拜，并不下跪。这让钦差大人“各位且请起身”的客气话如何说得出来呢？

只是这位钦差反应实在不快，因事发突然，出人意料，竟一下不知如何是好。

这下，县令和市里陪同下来打前站的那位，当场吓得舌头都伸出来了。

果不其然，钦差大人可不像市长那么好对付！他愣了一刻之后，突然反应了过来，当时就火了，大声喝问海瑞因何不跪。

结果海瑞只拱了拱手，又作了个揖，然后大声地说：

台谒当以属礼，此堂，师长教士地，不当屈。（《明史·卷二二六·海瑞传》）

就是说，大人你没看到这是什么地方吗？这是学校！是圣人传道、授业、解惑的地方。太祖皇帝都说过学堂里见官可以不跪，以确保师道尊严。我是县学教谕，便是学校的老师，我在这儿跪天、跪地、跪皇上、跪万世师表的孔夫子，其他的，我不能跪！

这一番话直把这个巡按御史说得是七窍生烟，但又不好当堂发作。

这时候市里的陪同人员只得上来悄悄地解释，说这位是有名的“山笔架”，然后还把这个外号的由来小声地说了一遍。这个御史一听，愣了半天，想想算了——这位看来是个天生的“牛人”，跟他较个什么劲儿呢？

结果，学校工作也不视察了，钦差大人的工作检查组什么也没看，掉头就走了。

这一下，县里的官员个个都来埋怨海瑞，说你个“海笔架”，怎么能得罪钦差大人呢？你可把我们大家都害惨了！

海瑞一听，呵呵一笑，说你们不是叫我“山笔架”吗，我既然是座山笔架，自当屹立不倒！

据说，这件事之后，海瑞就不因这个“山笔架”的外号而恼火了。不仅如此，他自己还喜欢上这个外号了，他跟朋友写信的时候有时就直接署名“笔架海某”。就是在这之后，他又重新起用他上学时给自己起的一个号，叫刚峰先生，意思是说自己是一座屹立不倒的山峰。所以，后世都称海瑞叫“海刚峰”。

海瑞自称“海笔架”“海刚峰”，这外号喊着挺过瘾，但后果却很严重。这位钦差并不像延平府的知府那么好说话，他要是像那位延平府同知一样也给海瑞穿穿小鞋，海瑞可就不一定受得了了。

那么，这位钦差有没有给海瑞穿小鞋呢？如果有的话，穿了小鞋的海瑞又能在官场上走多远呢？

这就要说到命运为海瑞安排下的那位“有意”的“贵人”了。

这个贵人对于海瑞非常关键，海瑞后来的人生轨迹都和他有关。就像胡宗宪一路把戚继光“扶上马再送一程”一样，这位贵人也把海瑞一路“扶上马再送了很多程”。

这个人就是当时的福建提学副使，也就相当于当时福建省教育厅副厅长的朱衡。

校长升级变县长

说起来，海瑞是县学里的校长，而朱衡是省教育厅的领导，朱衡虽然不算是海瑞的直接领导，但也还是一个系统内的上级领导。

据说朱衡非常具有识人之明，他早就注意到了海瑞在南平搞的教育改革，并一直密切关注着海瑞的教改动向。经过细致的观察之后，朱衡越来越在心里欣赏起海瑞来，认定海瑞将来必定大有作为。所以，钦差刚从南平拂袖而去，朱衡就已经知道了事情的全过程。

朱衡料定钦差大人必有龃龉，所以待钦差大人一走，便立刻做起了调解工作。他一方面亲自出面代海瑞向钦差大人解释，另一方面将海瑞借调到公办的正阳书院任山长——也就是校长，以避避风头。可县学教谕的职位也并没有撤，声明只是借调，这一下海瑞反倒身兼“双校长”之职了。

海瑞开始并不知道这些。他的秉性极忠、极直，尤其这个刚直，那可不是一般的刚直，所以他对于朱衡的苦心开始并不了解，直到他收到了朱衡的亲笔信。

朱衡不惜以福建提学副使的身份频频写信劝解海瑞，褒扬其成绩，指出其缺点，分析其得失，并把自己的安排向海瑞一一作了解释。真相大白，海瑞不由得对朱衡的爱护之心大为感激。

后来，海瑞曾惹下不少滔天大祸，很多次都是在朱衡的鼎力帮助下得以安然渡过难关，所以说朱衡是海瑞命里“有意”的“贵人”，实在并不过分。

借此，顺便说一个历史的谜团。后来，海瑞在应天巡抚任上大力施行一条鞭法的经济改革试点，也取得了很大的成绩，但因得罪了退休的首辅徐阶，而导致了一出著名的“海瑞罢官”。其间，众口一词的说法是，张居正作为徐阶的学生，向来敌视海瑞，在海瑞罢官的过程中扮演了不光彩的角色，这也是他后来在万历新政的改革中十年间不起用海瑞的关键原因。

其实，这个说法有失公允，一个明显的漏洞就在朱衡的身上。

朱衡是海瑞一生最为感激的恩人，从海瑞的文集可以读出，其于生母之外，与朱衡的感情最为深笃，不论于公、于私，海瑞与朱衡都可谓铁板一块。

那么，朱衡在历史上到底是个什么样的人物呢？

他是张居正万历新政改革中重要的左膀右臂之一。在张居正任首辅期间，朱衡被破格提拔为刑部尚书兼左副都御史，并总理河道——不仅主管公检法系统，而且分管黄河治理与漕运等关系国计民生大事的核心要务。可以说，张居正在外最为依赖的是戚继光这样的大将，在内最为依赖的就是朱衡这样的人。

如果朱衡是张居正的心腹，而海瑞又是朱衡的心腹，张居正有什么理由拒绝海瑞呢？

事实上，张居正施行一条鞭法的经济改革，就是在海瑞试行的基础上展开的，这就更说明张居正对海瑞的弃用并非出于个人的恩怨。事实上真正的原因大概就像张居正在给海瑞的亲笔信里说的那样：

> 三尺之法不行于吴久矣。公骤而矫以绳墨，宜其不堪也。讹言沸腾，听者惶惑。仆谬忝钧轴，得参与庙堂之末议，而不能为朝廷奖奉法之臣，摧浮淫之议，有深愧焉。(《张太岳集·答应天巡抚海刚峰》)

这话说得很委婉，说我作为宰相不能用你这样的人才，那真是让我惭愧的事儿。但暗地里的意思却是再惭愧我也不能用你。为什么呢？你的性格太过刚直，你的作风太过正派，你到哪儿做官，当地的官员受不了，当地的行政系统也受不了，所以我张居正虽然敬重你海瑞，却不能重用你海瑞。

所以，这并非个人的恩怨问题，只是因为海瑞的性格原因，才导致了张居正对海瑞的弃用。

正所谓性格决定命运。虽然有朱衡的一力维护，海瑞也并不开心——

他太过刚直，对于因不跪拜而两次惹恼了上级的事，反而犹自愤愤不平。虽然在朱衡的帮助下，他换了两个地方当校长，虽然他在任期间也干出了不少成绩，但工作环境总觉得不太顺心，也总不被人认可。这一段时间，他倒真的想辞职回家去供养老母了。

于是，“贵人”朱衡不厌其烦地写信劝导他。最后，一句话起到了关键的作用。朱衡说：

平生所学谓何？所出谓何？只争一跪也？（《海忠介公行状》）

意思就是说，你满腹才华，满腔抱负，年轻时代努力学习，现在出来当人民的公仆，这些都是为了什么呢？难道不是为了报国之志吗？难道不是为了治国平天下吗？难道只是为了争一跪与不跪的赌气吗？

对付海瑞这样的人，还是激将法管用！朱衡这句话不啻当头棒喝，海瑞为之幡然醒悟，后来在仕途上不管遇到什么大风大浪，也不再轻易为之而颓废了。

可别人对海瑞的议论却并没有休止。南平县和延平府的官员们都认为海瑞这个人待不长久，他们并不知道海瑞的背后有朱衡这样的贵人，大家都认为海瑞先后得罪了延平府同知和京城来的巡按御史，不牵连别人已经是万幸了！而这个“海笔架”自个儿恐怕在官场的日子也不会长久，恐怕干不了几天就得滚蛋了。

果不其然，海瑞海校长在换了两三个学校之后，突然接到吏部一纸命令，被罢免了校长一职。

但出乎所有人意料的是，吏部在抹掉了海瑞的校长职位的同时，却又给他一个新的工作岗位，这个岗位居然不降反升，居然是去浙江淳安县当知县。

不当校长，却当上了县长。这一下很多人都不理解，这个“海笔架”得罪了那么多人，怎么还升官了呢？

还是因为贵人朱衡。

因为这个时候朱衡已经调任了吏部的长官，也就是中央组织部的领导，所以他趁官员考核的机会就把海瑞这些年当校长的业绩调了出来。海瑞的工作能力和工作成绩自然不用说，所以在朱衡的一力安排下，海瑞就从“海校长”变成了“海县长”。

对于海瑞来说，这一步可以说是至关重要。因为他作为一个县学的校长，虽然也算是公务员，但在当时其实是不参与地方行政工作的——而事实上，海瑞只有到了行政系统中，才能真正显出他的本事来。

海瑞在校长的任上干得很窝火，一不小心还被人起了俩外号。但到了县长的任上，他的心情可就不一样了——不是因为升官了，而是因为他终于到了可以大显身手的地方了。

海瑞兴冲冲地到浙江淳安上任了。

淳安在浙江的西部，山地很多，估计要是搞民营企业还是可以的，但种田就不太行了。在农业社会里，种田不行，那就麻烦了，所以淳安在当时，在浙江，那要算是个穷县。

海瑞到了这个穷县，反倒并不发愁，他相信凭着自己的干劲儿和聪明才智，一定能不辜负这一方土地上的父老乡亲。

果然，海瑞上任不久，就获得了“海青天”的美誉。那么，这个“海青天”的名声是怎么得来的呢？

第二章 名侦探海瑞

海瑞作为明代最有名的清官，最突出的表现也是在清廉和清明两个方面。他一到淳安上任，没多久，就跟包拯一样，获得了“海青天”的盛誉。大家之所以称他是“海青天”，首先就是因为他也有出神入化的断案技巧。

海瑞刚到淳安上任，就遇到了一个棘手的案子……

棘手的凶杀案

说到清官，我们知道，中国历史上最有名的清官，一是包拯，一是海瑞。

“清官”这个说法，一般老百姓理解起来，首先有两个关键的内涵。

一个当然是清廉——不贪才叫清官，所以清官总是跟贪官相对立的嘛！

另一个就是清明，也就是体察民情、细致入微——说白了，那得帮着老百姓说话，最典型的就是要能平冤狱，能还百姓以公道。所以，最有名的清官包拯，在民间最为人津津乐道的倒还不是他的清廉，而是他能坐开封，平冤狱，秉公断案。以至于戏曲里的“包公戏”基本上都是公案戏，所以大家都叫他“包青天”。

包拯是这样，海瑞也是这样。海瑞作为明代最有名的清官，最突出的表现也是在清廉和清明两个方面。他到淳安上任没多久，就跟包拯一样，获得了“海青天”的盛誉。大家之所以称他是“海青天”，首先就是因为他也有出神入化的断案技巧。

海瑞刚到淳安上任，就遇到了一个棘手的案子。

说这个案子很棘手，是因为它跟“大宋提刑官”宋慈遇到的案子一样，是需要杰出验尸技巧的凶杀案。

说这是凶杀案，是因为这是前任知县已经判定了的。前任知县刚断了这案就调走了，海瑞紧接着继任——其实对他来说，这就已经算是个旧案了。换了别人，既然是前任断的案，根本不用管他，直接往上呈报就得了，反正对错都跟自己无关。

可海瑞不一样，他一到任就发现这个案子有蹊跷，因为凶手虽然画了押，但那供词读起来怎么都像是屈打成招。

因为前任知县才结了案还没上报，于是海瑞打算重审此案。

这个案子的凶手叫邵时重，而被害人叫胡胜祖。邵家和胡家向来不和，两家的地挨着，因为争山地，闹了很多次——两家矛盾很大，这一点当地人都知道。

据说，就在半个月前，胡胜祖到山上去看自己的山地，不巧就碰到邵时重。而邵时重看当时别无他人，就在山坡上拿根棍子一下子打在胡胜祖的头上，把胡胜祖给打死了。

胡胜祖的两个弟弟胡胜荣和胡胜佑找到了哥哥的尸体，并在现场找到了凶器，同时得知是邵时重打死的哥哥，就在事发两天后到县衙把邵时重告了。而邵时重在案发当天，也确实一个人到自家的山地上去过，而且连个不在案发现场的目击证人都没有。所以，邵时重因土地纠纷打死了胡胜祖一案也就落实了。

说起来案情也很简单，所以前任审这个案子的时候也审得很顺溜。

但我们知道，断案这种工作，你千万不能培养出“我的习惯叫顺溜”的感觉——你弄得太顺溜了，往往就会造成冤案。

海瑞细审此案卷宗，第一个起疑的地方就是：为什么胡家兄弟在案发后两天才来报案呢？

虽然可以说，是他们两天后才找到失踪的哥哥的，但一来胡胜祖失踪的地方离村子并不远，两天才找到未免太过离谱；二来既然两天后才找到，他们怎么就知道一定是邵时重杀的人呢？

虽然杀人的凶器——那根木棍可以作为证据，但我们知道那时候并没有指纹学，没法在凶器上提取凶手的指纹。可海瑞在读完卷宗找到疑点后，还是先不审案，而是先提取了这根凶器仔细地琢磨了半天。

据说，他对着这根沾满了血迹的杀人凶器端详了半天，突然眼睛一亮，他看出了个关键的破绽。接着，海瑞下令开棺验尸。

这时候，胡胜祖的尸体已经放进棺材里，就等着案子一了，下地埋葬。可海瑞不管这个，他带着县丞、仵作亲自来到胡家验尸。

仵作就是古代的法医，就是验尸官。按道理验尸是仵作的事儿，可海瑞要亲自下场，当时就一展他这个非专业人士的神奇验尸技巧。

因为胡胜祖是被木棍打中了头部死的，所以海瑞让人把胡胜祖伤口处的头发剃掉，然后就蹲下来仔细地看这个致命的伤口。只见这个伤口很深，足见这几棍用的力气之大——头部的颅骨都被打开了，血迹一直沾到了骨头上。

据说，海瑞看了半天之后，突然拿了个磁片，在那个骨头上不停地刮，这一下“滋啦、滋啦”的，听得人都瘆得慌。海瑞刮了半天骨头之后，又把尸体的嘴巴撬开察看，然后还让人脱下尸体的衣服，又仔细察看了半天之后，才下令回县衙，开堂审案。

一干人等带到之后，海瑞让胡胜祖的弟弟胡胜荣又重复了一遍案情，然后开口问他，你哥哥出事之前，是否生了重病？

胡胜荣听了一愣，然后想了想说，这倒不假，哥哥是病得很重，要不然也不会被邵时重几下就打死了。

海瑞接着就问，那你们为什么两天后才来报案？

胡胜荣想都不想就说，我们两天后才上山找到哥哥的尸体，所以才两而邵时重看当时别无他人，就在山坡上拿根棍子一下子打在胡胜祖的头上，把胡胜祖给打死了。

郦波语录

事实上，传说中不近人情的海瑞，只是官场上面对官僚的海瑞，并不是面对普通百姓的海瑞。面对普通百姓，尤其是有可能身有冤情的弱小百姓之时，海瑞就是极有耐心、也极有同情心的。

天后来报案的呀！

海瑞听了点点头，又让人拿出那根沾了血的木棍，让胡胜荣再次辨认，说你看清楚了，这是不是就是你们在发现尸体的现场找到的杀人凶器？

胡胜荣一看，说当然就是了，大人你看血迹还在上面呢！

海瑞听了这话，突然一拍惊堂木，大喝了一声："撒谎！"

他让仵作拿着这根沾了血的木棍放到胡胜荣的面前，说："你再仔细看看！"

仵作把木棍放到胡胜荣的面前，把木棍击打头部的位置指给胡胜荣看。因为是用木棍打死的人嘛！再加上打的力度很大，头骨都打裂了，所以木棍击打的地方也有木屑断裂。现在，只见仵作把沾了血的地方轻轻撬开来一些，只见外面有血的地方，里面却一点儿血迹也没有。

这一下，胡胜荣的脸唰地就变了颜色。

这时候，只听海瑞大声地说：

> 其尸用磁瓦刮之，头颅硬处红去无迹，至于缝痕松糙骨红迹则有，然朱脂钯与打伤色一隐一显，一凝死一流活，悬绝可辨。（《海忠介公全集·胡胜荣人命参语》，天启梁氏刻十二卷本）

海瑞这话是在说，他验尸的过程中，打开尸体的伤口看，见血是一直渗到了头骨上，但骨头断裂的地方，包括缝隙的表面都有血迹——可我拿磁片刮了几下，刮去表面的血迹之后，下面的骨头居然连红都不红。这说明了什么呢？

而且，伤口周围的肉也呈两种颜色，一种很红，就是沾了血的颜色；另一种很暗，海瑞称之为"打伤色"——就是说打归打了，但当时并没出血的颜色，这两种颜色一种是血液凝结之后——也就是说血不流了之后打出来的颜色，一种是正常的鲜血颜色，这绝对是清晰可辨的。这又说明了什么呢？

所以，不论是从骨头上的血，还是肉的颜色，还是木棍上的血迹看，种种迹象表明，尸体上的血，包括伤口上、骨缝里，还有木棍上的，都是后来涂上去的！而尸体头部所受的重击，则是在死后血液凝固后才打的！

海瑞分析了一大通之后，冷冷地看着开始发抖的胡胜荣和胡胜佑兄弟俩，又接着说：

所点之朱，和以胶脂，役厘火炽，是以虽洗刷数次，盆水已红，其骨却不免红色。《海忠介公全集·胡胜荣人命参语》天启梁氏刻十二卷本）

也就是说，你们的花招不过就是用动物的血混了朱砂，事先用火烤过，再涂上去，这样仵作原来验尸的时候，虽然也擦拭过骨头上的血，但怎么擦都还有，这就显得好像是当时流的血。这点儿小伎俩骗得过旁人，却骗不过我海瑞！

然后，海瑞大喝一声：“胡胜荣、胡胜佑，毁亲兄之尸而嫁祸他人，还不从实招来！”

这一嗓子喊出来，胡家兄弟俩“扑通”一下就跪下了，然后把整个过程原原本本地说了出来。

原来，胡胜祖根本就是得病死的，但死了两天之后，胡胜荣突然想起来，两天前在山坡上见过邵时重，当时只有邵时重一个人，而且邵时重也没发现胡胜荣。而胡家跟邵家争地正是争得不可开交的时候，不仅胡胜祖跟邵时重争地，胡胜荣和胡胜佑跟邵时重都分别另有土地和财产的纠纷。

胡胜荣脑筋一转，跟弟弟一商量，就打算拿哥哥的尸体二次利用一下，来陷害邵时重。邵时重一入狱，一判刑，邵家的地自然也就可以被胡家争过来了。于是，他们俩私下对哥哥的尸体做了番手脚，然后诬告邵时重。眼看着前任知县已经结了案，他们就要如愿以偿。哪知道来了个法眼如炬的新知县，洞烛观火，条分缕析，居然靠着神乎奇神的验尸技巧，就把这桩几乎是天衣无缝的冤案给翻了个底朝天。

怎么样？海瑞这水平怎么着也赶得上名侦探柯南了吧！

胡家兄弟认罪伏法，邵时重被洗清冤屈。这一下整个淳安县都轰动了，大家纷纷传说，说淳安新知县是断案如神的“海青天”。

拖了十年的案子

海瑞凭着高超的验尸技巧，一举翻了胡胜祖已成定论的案子，这一下不仅在淳安百姓中引起了轰动，也在浙江的官场上引起了轰动。

海瑞在“胡胜祖案”后又接连破了几个案子，这一下名声是更大了。大到连周围县市如果有破不了的案子，都要来请海瑞出马。结果不论是谁拿来的案子，到了海瑞这儿没有破不了的。这一下，连正在浙江的钦差巡按御史崔栋也被惊动了！他手头上正好有个非常棘手的陈年悬案，经过多次会审也没有结果。所以，他一声令下，移到淳安县去，干脆让那个“名侦探”海瑞来审！

海瑞当然也不客气，立马就投入案情调查的工作中。

这个案子的案情似乎也不复杂。

离淳安不远的桐庐县，有个人叫戴五孙——有一天，他的尸体被人从河里发现了。算一算他失踪前的那天晚上，刚好戴家来过两拨人。一拨是戴五孙的大舅子，也就是戴五孙老婆徐氏的哥哥徐继；另一拨则是县衙里的一个书记官潘天麒和仆人潘小毛。

潘天麒前一天正好到戴家村去公干，因为天晚了赶不回来，就借宿在了戴五孙家里。而戴五孙正好就是这天夜里失踪的，然后过了几天，大家就在河里发现了他的尸体。

这个案子交到桐庐县衙，桐庐知县想都不想就审出了结果——说很简单嘛！这肯定是戴五孙的老婆徐氏和潘天麒勾搭成奸了，然后徐氏等到潘天麒来了之后，在潘天麒的帮助下谋杀了亲夫。要不然怎么会那么巧呢？潘天麒刚好就借宿在了徐氏的家里，而潘天麒一来，戴五孙当夜就失踪被杀了。

所以，桐庐县判定结果就是徐氏和潘天麒勾搭成奸，然后合谋杀死了戴五孙，两人因此都被判了死刑。

虽然都是死刑，却还有不同。潘天麒因参与谋杀，所以被判处斩，而徐氏同样是谋杀，却被判了凌迟处死。

凌迟是古代一种非常残酷的刑罚，就是一刀一刀地刮，按明代的规定，要刮将近三千刀之后一个人才会死，所以，这种刑罚是非常恐怖的。

那么，既然都是凶手，潘天麒为什么只是一刀处斩，而徐氏为什么却被凌迟处死呢？

这就看得出封建礼教对女人的桎梏来了！

明代是理学特别盛行的时代，所以理学又被叫作宋明理学。理学这个东西最无聊的一点，就是对女性贞节的要求。理学大师程颐不是说过吗，叫“饿死事小，失节事大”，这话就是专门对女人说的。这句话是说，哪怕女人活活饿死，也不能改嫁失了贞节。连改嫁都不行，就更别说跟别的男人有私情了，这种所谓的奸夫淫妇的事儿，在当时的道德环境下，是最为人所不齿的。

所以，桐庐知县根据案情很自然地就想到了“奸夫淫妇，谋杀亲夫”

这八个字，也很自然地对两个人判了重刑，尤其是徐氏，作为失了贞节的女性，还谋杀了亲夫，所以量刑就特别的重。

这个案子在桐庐知县看来，应该没什么问题，所以他就把判定结果上报到了杭州知府。杭州府负责刑律的推官复查这个案子的时候，也基本上同意了桐庐知县的判定，只是在上报大理寺的时候提出一点疑问——徐氏看来跟潘天麒似乎是有奸情，但问题是两个人的奸情缺少证据。

大理寺就相当于最高法院，所以还是比较谨慎的。大理寺复文说，既然两个人的奸情缺少证据，那你们还得重审。于是，又把这个案子发还给了浙江。杭州府就召集了桐庐附近的几个县进行会审。审了几轮下来，发现这个徐继当晚也在戴家出现过。因为徐继是徐氏的哥哥，就把这个徐继当成徐氏、潘天麒谋杀亲夫的帮凶，也判了死刑。

这一下，虽然多弄出来一个凶手，但徐氏和潘天麒所谓的奸情还是没有证据啊！所以，大理寺还是通不过，这一下这个案子就拖了十年。

现在新任浙江巡按御史崔棟又接上了这个案子，折腾了半天，也没辙儿，一看刚好淳安那儿出了个“名侦探”海瑞，正好，就让他去大显身手吧！

聊天办案法

如果说“胡胜祖案”体现了海瑞高超的验尸技巧的话，那么这个“戴五孙案”就体现了海瑞断案的另一个特别显著的特点。

这个特点是什么呢?

先卖个关子！我们还是先来看看他是怎么审这个案子的吧。

等一干人犯押解到淳安之后，海瑞并不急着开堂审案。因为这个案子都拖了十年了，都审过无数遍了，海瑞再急着来一遍审问的形式，其实意义并不大。

那么，他不审，他干什么呢？

他先聊天。

后代对海瑞有一个非常大的误解，就是觉得海瑞作为一个非常刚直的清官，脾气执拗，甚至有些不近人情，跟谁都处不好关系。事实上传说中不近人情的海瑞，只是官场上面对官僚的海瑞，并不是面对普通百姓的海瑞。面对普通百姓，尤其是有可能身有冤情的弱小百姓之时，海瑞就是极有耐心、也极有同情心的。

他看徐氏和潘天麒因为戴五孙这个案子被折磨了十年了，还是非常同情他们的。尤其是在这个案子还有疑点尚未结案的时候，也就是不能判定这两人就是有奸情的时候，海瑞对他俩并不抱有成见。所以，他作为主审法官，不是急着先开庭，而是到狱中跟他们聊天。

一番接触下来，海瑞对两个人有了一个初步的印象，他觉得不论是徐氏还是潘天麒，都不像是那种很轻佻、很不检点的人，尤其是两个人都各有家室，各有儿女，原来的家庭生活也都算不错。而且戴五孙平常住在桐庐县城，离徐氏住的村子还有不短的距离，要说两个人早有通奸，怎么看，也不像。

当然，海瑞也不会以自己的主观印象来断案。他在和所谓的凶手反复接触之后，还是在案子的材料上下起了功夫。不久，精明的海瑞就看出一个小小的问题。

原来，桐庐知县最早初审的结果，就是徐氏和潘天麒勾结，谋杀了亲夫。后来，三县会审的结果又找出了帮凶，就是徐氏的哥哥徐继。虽然最后定案的帮凶就徐继一个，但原来怀疑的帮凶还有一个人，这个人就是潘天麒的仆人潘小毛。

潘小毛是跟着潘天麒一起下乡公干的，当夜也借宿在了戴五孙的家里，只不过第二天因为事还没了，潘天麒留了下来，而潘小毛先回了县城。而桐庐知县判定案发在第二天，这时候潘小毛已经回城了，不应该是帮凶，所以会审的时候也就没定潘小毛的罪。

但桐庐知县为什么会判定案发是在第二天呢？是因为潘天麒他们来借宿的这一天夜里，戴五孙还没有失踪。根据徐继的口供称，他是这天夜里来到妹妹家的，而他来的时候还看到了戴五孙。

这一下海瑞产生的第一个疑点就是，如果徐氏与潘天麒之间确有奸情，那么，徐继和潘小毛就应该是他们找来的帮手。但如果这两人确实是帮手的话，又不对了，哪有找了帮手来通奸杀人的呢？也就是说，通奸这种事本来就是极见不得人的，本来在当时就是要被定成重罪的，哪有带着帮手来宣扬的呢？

海瑞因此断定，潘天麒既然会带着仆人潘小毛住到徐氏家里，而当天夜里徐继又能出现在徐家，这就说明徐氏与潘天麒之间不应该是通奸幽会，这也就排除了因为通奸被戴五孙发现，从而杀害戴五孙的可能。

那么如果不是因为发现奸情而被杀，戴五孙又会是被谁杀的呢？

如果你是海瑞，在否定了徐氏和潘天麒通奸杀人之后，你会首先怀疑谁？

潘小毛吗？

不对！不能随便怀疑任何一个人！

海瑞审案的原则是，要靠事实和证据说话。案卷上明确可以推理出的一个结果是，最后一个见到戴五孙的人是徐氏的哥哥徐继，所以海瑞在了解了基本情况之后，重点提审的就是徐继。

我们知道海瑞的问案水平是很高的，再加上他这个人气势特别足，“小宇宙”特别强大，要不也不会叫“海笔架”与“海刚峰”了嘛！说在几轮审问之下，徐继终于架不住海瑞的盘问，一点一点露出了马脚。

海瑞后来带着徐继等人亲自到桐庐县指认十年前的凶案现场，几经努力，终于使这十年悬案大白于天下。

原来，当夜潘天麒借宿在戴五孙家纯属偶然，而徐继当晚来到戴五孙也纯属偶然。

徐继到妹夫家来是要钱的。徐继的母亲曾经借了三两银子给女婿戴五孙做小生意，可戴五孙这个人比较憨，生意没做成，还赔了钱。而这个徐继好赌，听说母亲借给了妹夫三两银子，一直都没还，正好手头比较紧，就自作主张到妹夫家来要钱。

他夜里来到戴家，还没进家，正好就在门前遇见了戴五孙。戴五孙一听大舅子是来要钱的，就拉他到村子外去喝酒，打算喝完了酒，喝个七八分醉，就把大舅子给糊弄走。两个人喝完了往家走的时候，为这三两银子又争了起来。

戴五孙满打算喝完了酒，徐继就不再提钱的事儿了，哪知道，越是喝得有点儿醉了，徐继还就越惦记着这个钱。后来，戴五孙也火了，说这钱也不是我朝你借的，我凭什么还给你啊！

两个人言语不和，就是河边扭打了起来，徐继一失手，用块石头就把戴五孙给砸死了。后来，徐继想想挺害怕的，就在戴五孙的尸体上绑了块石头，把尸体沉到河里去了。

徐继打死了戴五孙，酒也醒了一大半，不过他还挺有心眼儿的，想想这时候走，一定会被人怀疑的。所以，他把身上弄弄干净，居然大模大样地又到妹妹家住了一夜，天亮才走人。

因为他当夜还见过戴五孙嘛！所以，他只是说醒来之后，也就是天亮之后才没见过戴五孙的，所以桐庐知县想当然地就把戴五孙的失踪时间定在了第二天。到第二天，徐继也跑了，潘小毛也走了，当然谋杀戴五孙的后来，徐继想想挺害怕的，就在戴五孙的尸体上绑了块石头，把尸体沉到河里去了。

郦波语录

虽然从明代官僚的实际情况来看，海瑞这种站在百姓立场上的孤军奋战多少有点儿像堂吉诃德的大战风车，但在老百姓的心中，甚至在历史的长河中，这种孤军奋战的勇气却值得千古称赞。这也是清官在中国古代的官僚环境下，最具历史价值与历史意义的地方！

就只能是徐氏和潘天麒了。这也就坐实了二人通奸杀人的罪名。

其实，我们回过头来看，这个案子本来也不算难，跟前面那个“胡胜祖案”比起来，反倒还容易得多。但为什么这么一个并不难的案子却成了拖延十年的悬案和冤案呢？

原因很简单，就是因为这些所谓的青天大老爷们，这些父母官们，闭着眼睛，先入为主，想当然地断案。说难听点儿，那叫“用屁股代替脑袋思考”——他们的屁股坐在县太爷的座位上，就可以凭自己手中的生杀大权，随意地草菅人命。

这个徐氏和潘天麒，简直冤得过后来那个杨乃武与小白菜了！

那么海瑞为什么能平得了这个冤案呢？

海瑞在审完此案后，有一句特别有名的感慨，他说对于普通百姓的案子来说，主审的县太爷们“当以罪疑惟轻之义推之”（《海忠介公全集·吴万人命参语》）。

这话什么意思呢？

这话是说，对于普通的处于弱势地位的老百姓而言，我们当官的对他们应该首先有一份同情之心，要理解并体谅他们的苦难与艰辛，碰到罪案，不要先想着什么“穷山恶水，泼妇刁民”，要把对他们的理解和同情当成审案与推理的出发点。

这就是我们说“戴五孙案”所体现出的海瑞断案的另一大特点了——如果说“胡胜祖案”体现的是他高超的断案技巧的话，那么这个案子体现的就是他断案的初衷，是一片拳拳为民之心！

这也是后来海瑞为官的一个基本准则——总是站在老百姓的立场上，去与贪官斗，去与权臣斗，去与皇帝斗，甚至去与整个官场斗。

虽然从明代官僚的实际情况来看，海瑞这种站在百姓立场上的孤军奋战多少有点儿像堂吉诃德的大战风车，但在老百姓的心中，甚至在历史的

长河中，这种孤军奋战的勇气却值得千古称赞。这也是清官在中国古代的官僚环境下，最具历史价值与历史意义的地方！

所以，在当时，百姓就已经普遍地称这位淳安知县为“海青天”了。

但“海青天”比不上包青天的地方是，包公是开封府尹，是仁宗皇帝依赖的朝中重臣，他秉公断案，谁也不敢惹他。海瑞就不一样了，他一个小小的淳安知县，只是个七品芝麻官儿，那些贪官、权臣们，谁都不把他放在眼里。海瑞虽然现在有名了，但不过就是审过几十个冤案，在他们看来，这又有什么了不起呢？所以，只要看他不顺眼，就有人敢来折腾他。

可偏偏海瑞还就是个不怕折腾的人，那么，到底是谁折腾了谁呢？

第四章 强项令

海瑞和严嵩恰好是生活在一个时代，所以这最大的清官和最大的贪官之间要是没发生过点儿什么，那岂不是历史的遗憾吗?

一般人都以为他们俩之间没发生过什么，因为海瑞到京城当官的时候，严嵩刚好已经倒台了。但事实上，这两位明代最大的清官和最大的贪官之间还是发生过什么的，只不过海瑞是和严嵩的代言人来了一场针锋相对的冲突……

接待不能超标

中国古代的清官，最有名的莫过于包拯、海瑞、况钟、于成龙。

中国古代的贪官，最有名的莫过于贾似道、严嵩、和珅。

这其中海瑞和严嵩恰好是生活在一个时代，所以这最大的清官和最大的贪官之间要是没发生过点儿什么，那岂不是历史的遗憾吗?

一般人都以为他们俩之间没发生过什么，因为海瑞到京城当官的时候，严嵩刚好已经倒台了。但事实上，这两位明代最大的清官和最大的贪官之间还是发生过什么的，只不过海瑞是和严嵩的代言人来了一场针锋相对的冲突。

严嵩这个人有两大特点，一是喜欢弄权，二就是贪婪。在严嵩主政期间，严党成员中最喜欢弄权和最能贪的当然是他的儿子、号称“小丞相”的严世蕃，这完全是由遗传基因决定的。严氏父子既然能在朝中大肆弄权敛财，同样，在地方上也自然有喜欢弄权和喜欢敛财的“严党分子”。

当时在官场依附严嵩的人，后来都被称为“严党分子”。一般说到“严党分子”，那当然都不是什么好人，因为严嵩自己就是个大贪官嘛！但万事也有例外，有一个“严党分子”，后世对他就颇具同情，这个人就是一方诸侯、当时在东南沿海负责抗倭的直浙总督胡宗宪。

严嵩这个人有两大特点：一是喜欢弄权，二、就是贪婪。

郦波语录

话说鄢懋卿到了严州府，马上就要到淳安了，想来想去，觉得还是犯不着去碰海瑞这个大钉子，所以他临场胆怯了——跟足球国脚们一样，这临门一脚，到底还是没底气，鄢懋卿居然愣是没敢进淳安，最后还是绕着道走了。

胡宗宪东南治倭，想利用强权为平倭寇扫清障碍，不得已依附了严嵩，成了严党的重要成员。正是因为有了严嵩这个大靠山，所以他在东南沿海一带才能放开手脚来抗击倭寇——像最有名的抗倭英雄戚继光，就是他一手提拔起来的。

但我们说，虽然胡宗宪是为了一个可以说是崇高的理想才依附严嵩的，但他毕竟是一个严党成员，后来严嵩倒台后，他也是因此才被下狱问罪的。所以，虽然胡宗宪在东南治倭的过程中竭尽心力，虽然也不算贪婪，但在喜欢弄权这一点上，也是颇有些类似于严党的特色的。公允地说，胡宗宪一生对权力抓得都很紧，所以他在当时被民间称为封疆大吏、一方诸侯。

而海瑞碰到的第一个权力对象，就是胡宗宪。

事实上海瑞倒不是跟胡宗宪本人发生了直接的冲突，而是跟胡宗宪的儿子发生了剧烈的碰撞。而这一碰撞，就碰撞出了耀眼的火花。

因为胡宗宪是直浙总督，在当时的江浙一带那就算是老大了。再加上胡宗宪这个人向来不苟言笑，对权力抓得又特别紧，所以江浙一带几乎所有的地方官都挺怕他的。而胡宗宪的儿子仗着自己老子的权势，就喜欢胡作非为。

胡宗宪也不是不知道自己的这儿子不争气，但他抗倭的事还顾不过来呢，所以也没心思、没精力去顾他那个不争气的儿子。再加上他权倾一方，轻易也听不见别人的意见，别人也不敢向他反映他儿子的问题，所以他家里的那个纨绔子弟就更是嚣张得不得了了。

有一天，淳安知县海瑞正在办公的时候，县衙的县丞，也就相当于县政府的办公室主任，突然急匆匆地跑进县衙里对海瑞说："老爷，可不得了了，您怎么还在这儿坐着呢？"

海瑞听了一愣，说："怎么就不得了了？我不在这儿坐着，我到哪儿坐着去啊？”

县丞说：“您得赶快换衣服去驿站接人去啊！胡总督的公子说是出门游历，已经到我们淳安县的驿站了。”

海瑞一听这话，眼一翻，问：“胡公子到我们淳安来了？”

县丞一听，一个劲儿地点头说：“可不是，我亲眼瞧见的，我看着胡公子的车队进了驿站，就赶来跟您报信来了。”

海瑞一听，点了点头，说了声“噢”，就没下文了。

县丞看海瑞坐在那儿没什么动静，就很奇怪，换了别的地方的知县，知道胡总督的儿子到自己的辖区来旅游，那还不得赶快屁颠屁颠地去好生招待啊！这海大人难道不知道胡总督是什么人吗？所以，他等了一会儿，看海瑞纹丝不动，实在等不住了——他也是好心，所以就问海瑞说：“大人，您怎么不去驿站接一下啊？”

哪知道海瑞眼睛又一翻，白了一眼县丞说：“他又不是朝廷命官，我为什么要去接他啊？”

县丞一听就愣了，人家胡总督的儿子虽然不是官儿，那不得比知府什么的官要牛得多啊？你说你要是不去招待一下，人家胡公子回家到他老爸那儿一白话，告你两个刁状，那你还不得吃不了兜着走啊！

可他看海瑞实在没有去迎接的意思，也只好作罢。但我们说有句俗话叫“皇帝不急太监急”，海瑞并不把胡宗宪的儿子来到淳安太当回事儿，可这个县丞却对这件事儿非常重视，所以他赶快又派人到驿站盯一下，看看胡公子他们的情况怎样。

结果这去打听的人一会儿就回来了，把情况给县丞一汇报，县丞的脸立马就绿了，赶快又来找海瑞。

海瑞这儿才消停了一会儿，见县丞刚出去没多一会儿就又神色慌张地跑进来，所以他眉头也皱起来了，因为他随便想想也知道，肯定是那位胡大公子有问题了。

果不其然，县丞直跑到海瑞跟前儿说：“老爷，不好了，胡公子在驿站里出事儿了！”

海瑞一听，也不着急，说“出什么事儿啦？能出什么事儿啊？”

县丞回答说：“胡公子发火了，现在正把驿丞吊起来打呢！”

原来，明代的驿站就像是我们现在县政府的招待所，各个地方都有驿站，专门负责来往官员的接待。这个接待，在当时比我们现在县政府招待所的接待规模还要大，衣食住行，什么都要管。所以明代财政上有个很大的负担，就是驿站这一块的费用。

其实，明代的驿站消费就相当于现在的公款消费，不仅包括公款吃喝，还包括公款用车、公款差旅等各个方面。问题是也不光是官员可以享受这个公款消费，能跟官员拉得上关系、扯得上边儿的都可以到驿站里享受这种公款消费。所以，这个驿站的费用就成了财政上一个很大的负担。

后来，张居正变法改革的时候，有一个有名的举措，就是整理驿站，禁止公款消费的这股歪风。

海瑞在淳安任知县的时候，虽然还没到张居正变法，但他已经早于张居正在驿站管理上进行了改革——虽然他改革的试点只能在淳安县驿站这一个地方。

海瑞参照法定文件，重新制定了驿站的接待规模和标准，并要求驿站方面必须严格执行接待标准，但凡稍有超标，就要把驿站的驿丞，也就是招待所的所长撤职查办。这一下淳安县的驿站立刻面貌一新，甩掉了长期的债务包袱，轻装上阵了。

可现在胡总督的公子来了，要驿站好吃好喝好招待。但驿丞不敢违反海大人的规定啊，所以准备午饭的时候，就严格按照招待标准，上了个三菜一汤。

这个胡公子一看，气不打一处来。本来他来了半天，没见到当地的知县来迎接，就老大不高兴，现在一看端上来的饭菜，在他看来像打发叫花子的，当时就火了。他一把把饭菜掀翻，然后让仆人把驿丞吊起来就打。消息传到海瑞这儿的时候，那个驿丞还在被吊着打呢!

海瑞一听，当时就火冒三丈，他一下子拍案而起，把袖子一撸，说了句:“还反了他了!”

他让县丞带着县里所有的衙役，抄上家伙，就赶到驿站来了。

真假胡公子

县丞一看海瑞这架势是要干仗，连忙边走边劝，说大人您可不要冲动啊——冲动是魔鬼，那可是胡总督的儿子啊!

海瑞理都不理他，心想:他是胡总督的儿子，又不是胡总督，敢到我的地盘撒野，还反了他了!

海瑞带着一帮衙役冲到驿站一看，果不其然，驿丞正被吊在那儿呢!一个纨绔子弟公子哥坐在椅子上，十几个仆人伺候在旁边。

海瑞一看就火了，大喝一声说，哪儿来的强人，敢到官府的驿站来撒野，都给我抓起来!

你看海瑞还是很聪明的，他也不问你们是些什么人，而只说是强人——也就是强盗来驿站打劫，所以他下起手来就有理由了。

但对方也不是吃干饭的，一个家丁往前一站说，放肆!胡总督的公子你们也敢绑?

这一下衙役们都一愣，想想胡宗宪的儿子啊，还真没人敢上前绑他。

这时候海瑞一声大喝说，你放肆，胡大人清廉明正，一心为民，怎么会有这样的儿子？你们分明是有意冒充，诬陷总督大人！衙役们，别管那么多，都先给我绑了！

衙役一听，还是海大人有办法，你说你是胡宗宪的儿子，我们海大人说你们不是，不是就好办了，绑！

大家拎着水火棍往上一拥，一帮狗仗人势的家丁哪打得过这些如狼似虎的衙役啊，结果被一顿暴揍，个个都被绑起来了。连胡宗宪的儿子最后也跟驿丞一样——就刚才吊驿丞的位置，换了个人——海瑞就把胡大公子也吊了起来。

这时候胡公子服软了——这会儿他知道强龙不压地头蛇，不服软也不行啊！所以，他一个劲儿地求饶，说我真是胡总督的儿子。

海瑞边听边摇头，说："嗯，不能！不能，不能，不能！虽然我没有机会亲自瞻仰总督大人他老人家的风范，但他的仪容我早听人说过，那是相当的仪表堂堂，相当的气宇轩昂。看你长得这一副熊样，怎么可能是总督大人的儿子呢？肯定是冒充的！说不定你们就是强盗。"说完，海瑞掉头对衙役说，"搜搜他们的行李，说不定还有抢来的钱呢！"

听了这话，衙役赶快动手搜，连胡大公子的衣兜都翻了个遍，果然不出海大人所料，这帮家伙居然随身带着价值上千两的银票和银两。

海瑞一看笑了："哈哈，我说你们是强盗吧，要不然哪来这么多钱！"

然后，他也不听解释，直接让人把这些钱充了公！正好淳安是一个穷县，财政比较紧张，一下有了上千两的收入，海瑞都觉得这位胡公子来得实在太值了。

但海瑞在这儿意气风发地过了把瘾，县丞在旁边看得腿都软了，他把海瑞悄悄拉到一边，说："大人，这个人要真是总督大人的儿子怎么办啊？"

海瑞神秘地一笑，说："你放心，我自有办法。"

他让人铺开笔墨纸砚，大笔一挥，随手写了一封信，然后让衙役带着这封信，再绑着这十几个冒充总督公子及随从的强盗，一起送到杭州城的总督府去。

胡宗宪在总督府接到海瑞的信，打开一看，是又好气又好笑。海瑞在信里说，报告总督大人，我刚抓了个家伙，他居然敢冒充您的公子。他到我们淳安县，招摇过市，非常猖狂，居然因为驿站的伙食差就把驿丞吊起来打，根据这种表现，我判断这个人肯定不是总督大人您的儿子。

为什么呢？

海瑞说：

曩胡公按部，令所过毋供张。今其行装盛，必非胡公子。（《明史·海瑞传》）

这话是说我之所以这么判断，是因为前一段我才看到总督大人您下发的一个文件，要求各地严禁铺张浪费，严禁有过往扰民之举！能下出这种命令来，总督大人您真不愧是一个清官！试想，一个清官怎么能有这么混账的儿子呢？

再者，这个家伙随行带着上千两的银子，总督大人您向来清廉，怎么可以让儿子带着上千两的银子出游、摆阔气呢？

综上所述，我断定，这帮家伙肯定是冒充您家人的强盗。银子我已经按规定没收充公了，这帮浑蛋，竟然敢冒充您的家人，实在太不像话。我让人把他们押到您府里来，让您亲自惩罚他们，也好让您解解气！

胡宗宪看了海瑞这个信，真是哭笑不得。但海瑞说得句句在理啊，胡宗宪还真不能拿他怎么样，所以这事儿最后也就不了了之。据说，打这儿以后，胡公子就算绕着地球走，也再不敢进淳安县一步了。

大家拴着水火棍往上一拥，一帮狗仗人势的家丁哪打得过这些如狼似虎的衙役啊，结果被一顿暴揍，个个都被绑起来了。

郦波语录

认真，只能把事情做对；用心，才能把事情做好。海瑞就是个既认真、又用心的人，所以他做的事很难不成功。

高手，就是如此寂寞

海瑞不惧胡宗宪的强权，把胡宗宪的儿子又吊、又打、又抢钱，好好折腾了一顿。连胡宗宪都拿他没辙，这一下海瑞在浙江更是名声大震了。

如果说胡宗宪是严党成员中弄权的代表，跟海瑞正面交锋的另一个人就可以算是严党中贪婪的代表了，这个家伙的名字叫鄢懋卿。

我们说海瑞跟胡宗宪的碰撞毕竟不是正面的，海瑞是通过整治了胡宗宪的儿子挑战了胡宗宪的强权，而他跟这个鄢懋卿的碰撞那可就是非常正面的了。

鄢懋卿是严嵩的干儿子，他因为向严嵩行贿，花进去不少钱。可他这种贪官哪肯光出账不进账啊，所以他行了贿之后就向严嵩讨了个肥差，以副都御史的身份来江南经理盐务。

副都御史可相当于监察部部长，是监察系统的高官，本身权力就极大，而江南盐务又是个极大的肥差。鄢懋卿是以钦差大臣的身份到江南来视察工作的，再加上所视察的工作又有这么多油水，所以他就是摆明到江南来搜刮一番的。

结果这个鄢懋卿在江南走一遭，就像是蝗虫一样，极尽搜刮之能事。据说，他光在扬州一个地方，搜刮的银子就达到三百万两！各地的官员都知道他是严嵩的干儿子，都怕得罪了他，断送了前程，丢了乌纱帽，所以都极尽能事、极尽铺张地来奉迎他。而各地的老百姓听说鄢懋卿要来，都感觉马上就要家破人亡了，就比听到倭寇要来还要害怕。

可我们说，越是贪官污吏，就越喜欢做些冠冕堂皇的表面文章。这个鄢懋卿都已经贪入骨髓了，还要掩耳盗铃。他一边大肆敛财，一边还提前发放文书到他要去的各地政府，说自己“素性简朴，不喜承迎，凡饮食供帐，俱宜俭朴为尚，毋得过为华侈，靡费里甲”。（《丘海二公文集合

编·禀鄢都揭贴》）

意思就是说，我这个人向来艰苦朴素，你们接待我可以，但差不多就行了，千万不能铺张浪费啊。这个“毋得过为华侈”，就是不要太奢华——那话里意思是说，稍微奢华点儿还是可以的！这就等于是提醒别人要注意接待的规格，简直就是此地无银三百两。

因为淳安在浙西，是三省之间的交通要道，从浙江到江西、到福建都要经过那儿，所以鄢懋卿的文书也送到了淳安，说过不了几天，鄢大人就要来淳安了，你们知趣的要赶快做好安排。

这一下淳安的老百姓都发愁了，这个“鄢扒皮”要来一趟，大家还不得被他扒层皮啊！

但老百姓发愁归发愁，没办法啊。其实不只是老百姓，淳安县和它归属的严州府，所有的头头脑脑都挺发愁。

只有一个人不愁，谁呢？当然是海瑞。

海瑞的办法是，开门见山，直接表态——我们淳安人民，不欢迎您鄢大人来！

当然，这话不能这么直接地说。海瑞又拿出对付胡宗宪的办法，铺开笔墨纸砚，唰唰唰，大笔一挥，给那位不可一世的鄢懋卿写了封信。这种信当时叫揭贴，要从应用文的角度看，也可以当作请示报告。

海瑞在这份请求报告的前面，先原文抄录了鄢懋卿发往各地不得铺张浪费进行豪华接待的通告，而且标注引文出处，极具学术规范。

然后，海瑞很谦虚地向鄢懋卿请教了一个问题。这个问题用三个字可以概括，就是列宁的那句名言——“怎么办？”

海瑞说，根据鄢大人您的行文，我们应该低调、俭朴地迎接您，因为您自己也说“俱宜俭朴为尚，毋得过为华侈”。说老实话，我们淳安可是个穷县，看了鄢大人您的行文都非常高兴，因为我们就算是想奢侈地招待您，还做不到呢！

可为了接待您，我又专门派人到您来的各个地方去取经、调查了一下，可调查的结果却和您通知上的要求恰好完全相反！据我所知，您所到的每个地方，当地官员都花天酒地、大肆铺张地招待您，弄得当地的百姓都怨声载道。

下官比较愚钝，我就搞不懂了，到底是这些当地官员摆明了胆敢违抗您的命令，非要奢侈地招待您呢？还是经过了您的同意，或者您的默许，他们才这样做的呢？

这一来我们淳安可就很为难了，要是按照您的指示来俭朴地招待吧，又怕您不高兴；要是大肆铺张地搞一下，又违背了您的命令——而且说实话，我们这个穷县，也没那个铺张的实力。

所以，鄢大人您给个明白话吧，面对您这样的上级领导，我们该怎么办？

据说，鄢懋卿看到海县长的请示报告之后，鼻子都气歪了，掉头就想狠狠报复一下海瑞。可鄢懋卿虽然官很大，但他毕竟是个只知道投机的小人，他转念一想，觉得这个小小的七品芝麻官儿，怎么会有胆量向自己叫板呢？

所以他还比较谨慎，就先叫人打听一下。一了解，原来这个海瑞不是个软柿子，相反，天生就是个牛人！要万一闹起来，不要到时搞得自己下不了台。所以，他想来想去，决定先忍下这口气，回复海瑞说：当然按照我的行文说的办！

于是，海瑞就准备了三棵大白菜、两碗小米粥，在淳安静候鄢懋卿的到来。

话说鄢懋卿到了严州府，马上就要到淳安了，想来想去，觉得还是犯不着去碰海瑞这个大钉子，所以他临场胆怯了——跟足球国脚们一样，这

临门一脚，到底还是没底气，鄢懋卿居然愣是没敢进淳安，最后还是绕着道走了。

所以，还是那句老话，邪恶在正义面前永远是没有底气的，只要你敢于把正义的力量展示出来给他看！

鄢懋卿走了之后，严州府知府知道海瑞得罪了鄢懋卿，那可是惹下了大祸！所以，他拍着桌子对海瑞喊，你一个破知县，官儿不大，胆儿怎么这么大呢？你这么不安分，岂不是要拖累我们大家吗？

海瑞听了笑笑，什么也不说。

后来严州知府一直担心鄢懋卿要报复，可等了一段时间，看鄢懋卿也没敢怎么样，知府才把一颗悬着的心放下来。后来他又对海瑞说："不管怎么说，多亏了你啊！淳安的百姓、严州的百姓总算是逃过了一劫。"

据说，海瑞听了这话，还是笑笑，什么也不说。

高手，就是如此寂寞！

小人报仇，十年不晚

胡总督的儿子在小小的淳安县被吊、被打、被抢钱，弄得胡大公子后来再也不敢到淳安来；权势熏天的鄢懋卿把江南搜刮了一个遍，却独独不敢进淳安，都到了淳安的边儿上了，还得绕着走。这一切都不过是因为淳安有一个海瑞而已。

我们不由得奇怪，就算海瑞比较牛，不怕别人来折腾他，但胡宗宪和鄢懋卿在当时都是一手遮天的人物，他们真的要报复海瑞，难道就没有办法吗？

胡宗宪还好说，他这个人虽然喜欢弄权，但总的来说还是比较正直的——他可能真的是有肚量，知道错在自己的儿子，所以不跟海瑞计较。但像鄢懋卿这样的人，《明史》上记载他可是个睚眦必报的真小人，现在被海瑞用“请示报告”好好羞辱了一番，最后连进淳安的胆儿都没有，不仅弄得灰头土脸，还被天下人耻笑，难道他就真的愿意放过海瑞吗？

可当时，不论是胡宗宪还是鄢懋卿，至少在事情发生后的一段时间里，都没敢把海瑞怎么样，这又是为什么呢？

我觉得除了胡宗宪和鄢懋卿他们个人的性格原因之外，他们不敢动海瑞的最根本原因还在于海瑞自己身上。这其中应该有三个方面原因：

一是从能力上看，海瑞是一个非常称职的县令。他在淳安县令的工作岗位上，把整个淳安治理得是井井有条。

断案如神，这一点我们上一章说过，很快他就有了“海青天”的美誉。

另外，海瑞的经济工作也很有一手。当然，当时的经济工作标准并不是发展工商业和第三产业，其重心恰恰是农业问题。海瑞在经济上已经开始了一些改革措施，使得农民重新获得土地的所有权，这样土地兼并问题就得到了有效的遏制，农业税收也才有了保障。

海瑞还制定了保甲制，大力发展民兵自卫武装，使得当时肆虐东南的倭寇都不敢到淳安来抢劫——要知道，海瑞只是一个文官，能做到这一点，那在当时可是个了不起的成就！连倭寇都不敢来惹他，更何况鄢懋卿这种外强中干的家伙呢！

因为海瑞这个县令很称职，所以他在百姓中的声誉非常高，老百姓都叫他“海青天”嘛，可见海瑞非常得民心！胡宗宪、鄢懋卿正是知道海瑞非常得民心，才不敢轻易地动他。

二是从行为上看，海瑞自己行得端、坐得正，没什么把柄可以让别人来抓。

海瑞是什么人啊？那是明代历史上乃至中国历史上最有名的大清官，清廉至极，可以说到了让人难以想象的地步。据《明史》明确记载说，他到了淳安之后，力行节俭，“布袍脱粟，令老仆艺蔬自给”（《明史·海瑞传》）。也就是说，海瑞穿得很破旧，平常穿便服出门，不知道的一看还以为是丐帮长老；而家里吃的，也全是自己家开垦荒地种的粮食和蔬菜。

据说，有一次威严的直浙总督胡宗宪在例行会议之后，突然兴致勃勃地传了一个小道消息说，“昨闻海令为母寿，市肉二斤矣”（《明史·海瑞传》）。也就是说，你们大家听说了吗？据说那个抠门的海瑞居然上街买肉了，而且一下就买了两斤肉。

大家都说，不可能，不可能，大人您别开玩笑了，海瑞连菜都要自己种，怎么可能上街买肉呢？

胡宗宪说，千真万确！据说海瑞是为了给他母亲过生日祝寿，才狠下心来买点儿肉的。后来卖肉的那家伙都高兴得差点儿疯了，说海大人这辈子也能买我的肉，这真是我上世修来的福气啊！

你看海瑞清廉到什么地步了，这种彻头彻尾的清官连胡宗宪都肯宣扬他的光辉事迹，可见他的洁身自好使得别人根本不可能抓住什么小辫子来做文章。

第三个原因就是海瑞的性格了——极其刚硬，让别人不敢轻易地报复他。

他自号“海刚峰”嘛，别人还叫他“海笔架”呢，那就是一座风吹不倒、雨打不跑、海水泡不烂、日月磨不穿的傲然屹立的山峰啊！所以，当时浙江的官场都流行一种说法，说这个海瑞“海笔架”就是当世的强项令。

这个强项令的典故出自《后汉书》。《后汉书》里记载：东汉初年的时候，当时的洛阳令叫董宣。汉光武帝刘秀的姐姐湖阳公主有个贴身的仆人杀了人，犯了死罪。可因为他是湖阳公主的仆人，躲在公主家里，董宣还真拿他没办法。

可这个董宣也不是吃干饭的，他就带了人躲在公主家不远的地方蹲点儿。终于等到公主的车队出来，董宣看到这个仆人跟在车队里头，就把公主的车队拦住，而且当着公主的面儿，把这个杀人犯抓住，当场审问判刑——最惊人的是，他还当着公主的面儿把罪犯执行了死刑。

这一下公主可恨死了董宣，跑到刘秀面前大哭大闹，非要刘秀杀了董宣不可。刘秀开始一听也火透了，好你个董宣，不看僧面看佛面，我皇姐的仆人的命，你也敢要，你也敢杀，你这不是羞辱我吗？所以，他派人把董宣抓来，当场就要杀。

这时候董宣丝毫不惧，只说皇上你要杀可以，但你得让我说句话。

董宣说：

陛下圣德中兴，而纵奴杀良人，将何以理天下乎？臣不须棰，请得自杀。

然后，“即以头击楹，流血被面”（《后汉书·酷吏列传》）。

这意思是说，皇上您刚刚平了乱世，要给百姓带来一个兴盛的盛世，怎么能不以理服人、以法治天下呢？您要真是这么一个不讲理的皇上，那算我董宣看走眼了，不用你杀我，我自己死给你看。说完他就往柱子一撞，撞得是血流满面！

这一下刘秀醒悟了，知道董宣做得对！但他姐姐面子上过不去啊，得找个台阶给湖阳公主下啊，于是刘秀就让董宣给湖阳公主磕头赔罪。

可这个头，董宣怎么都不肯磕。

没办法，刘秀就让人按着董宣的头，给湖阳公主磕头，结果“宣两手

据地，终不肯俯”。(《后汉书·酷吏列传》)

也就是说，董宣两手撑着地，死活也不磕这个头。

这下刘秀都气乐了，说这家伙真是个强项令啊！也就是说，这家伙的脖子可真硬！于是刘秀跟他姐姐说，没办法，这家伙脖子太硬了！天生的，强生的！我也没辙。

然后，刘秀还反过来褒奖了董宣，以彪炳他的忠义。这一下，董宣的这个“强项令”的名号就成了官场上最刚直人物的代称。

现在海瑞就是这么一个强项令！他刚当官就天不怕、地不怕，不给上级领导下跪，也不拍上级领导马屁，而且一切事情秉公执法，铁面无私，连胡宗宪的儿子都敢打，连钦差大人都敢顶，这真的不愧是叫天不怕、地不怕的强项令！

这种强项令，谁又敢来惹他呢？就算报复了他，恐怕自己也要惹来一身膻。

也正是因为海瑞这个强项令的性格与名声，也才使得鄢懋卿这样睚眦必报的人都不敢当时就报复他。

所以，海瑞在淳安县，虽然胆子大到了天，虽然老虎屁股都摸了好几回，可别人还就拿他没辙儿。

但是我们说像鄢懋卿这样的小人，他毕竟跟胡宗宪还不一样，他奉行的一句话叫“小人报仇，十年不晚”。后来，鄢懋卿重新回到北京之后，就开始琢磨着怎么报复海瑞。我们说官大一级压死人，更何况鄢懋卿比海瑞那不知道要大着多少级呢！所以，他不敢自己出面，就派手下到海瑞的地盘去找碴儿，然后以一些“莫须有”的罪名让人弹劾海瑞。

眼看着海瑞要倒霉，虽然海瑞命中的贵人朱衡这时也想帮他，可毕竟鄢懋卿权高势重，而且背后还有严嵩这个后台老板撑腰，所以连朱衡也有些束手无策。

要不说海瑞真的是命大、福大、造化大！朱衡可以算是海瑞命中的贵人，但还不算是最大的贵人。海瑞命中最大的“贵人”是谁呢？是老天爷。

就在鄢懋卿要陷害海瑞的危难之际，老天爷亲自出面来救他了。

那么，老天爷是怎么出面来救海瑞的呢？

这时候恰好是嘉靖四十一年（1562），在经过十多年的漫长斗争之后，徐阶运用绝大的政治智慧，彻底扳倒了严嵩。老天爷选择这个关键的时候让严嵩倒台了！严嵩一倒台，鄢懋卿等这些喽啰自然树倒猢狲散，个个被下狱论罪。而海瑞福大、命大、造化大，作为勇斗“严党分子”的小人物，反倒更被世人所推崇了。

于是，这个小小的七品县令“海刚峰”先生，奋起神威，再接再厉——你们说老虎屁股摸不得，我还就要摸给你们看，然后他就摸了一个最大的老虎屁股，结果弄出了惊天大案，也彻底成就了这位“海刚峰”的一世英名。

那么海瑞摸的这个最大的老虎屁股是什么呢？

对于这种老虎屁股摸不得的事儿，海瑞为什么又敢于摸而不止、一摸再摸呢？

第五章 抬棺骂嘉靖

海瑞虽然是从九品芝麻官儿做起的，但一路上他打击豪强、犯颜抗上，不论是上级领导，还是朝廷来的钦差大臣，他谁都敢惹。

海瑞，就是这么一个既敢于“摸老虎屁股”、也十分乐于“摸老虎屁股”的人！从他的一生来看，无所畏惧地“摸老虎屁股”，简直就是他最大的职业爱好。

本章中，他又开始发挥出他“摸老虎屁股”的习惯与爱好了。不过这一次他摸的动静实在太大了，不仅震惊了朝野，也震惊了明史……

基层好干部

有句俗话叫“老虎屁股摸不得”。老虎屁股为什么摸不得呢？那是因为老虎实在太厉害了，你摸它屁股，它要发火；它要是发起火来，可就要吃人，那你可就要吃不了兜着走了。

可问题是，要是有人不把老虎当回事儿呢？要是有人天生就是打虎英雄，或者他天生就是那种老虎也吃不下的人呢？对于这种人而言，老虎屁股恐怕就摸得——而且随便摸，不管你“老虎”怎么火冒三丈，他想怎么摸，就怎么摸！

海瑞，就是这么一个既敢于摸老虎屁股、也十分乐于摸老虎屁股的人！从他的一生来看，无所畏惧地摸老虎屁股，简直就是他最大的职业爱好。

海瑞虽然是从九品芝麻官儿做起的，但一路上他打击豪强、犯颜抗上，不论是上级领导，还是朝廷来的钦差大臣，他谁都敢惹。

而且奇特的是，他惹的这些人，个个都是权势熏天，像胡宗宪，那可以算得上是一方诸侯；像鄢懋卿，更是严嵩一条有名的走狗，但这些人，谁还都不敢来报复海瑞！就算是鄢懋卿后来要报复海瑞了，老天爷又出面来帮海瑞了——关键的时候严嵩倒台了。这样一来，严党分子自然做鸟兽散，鄢懋卿对海瑞的报复也就无从谈起了。

后来，海瑞从淳安县令又调任兴国县令。他脾气不改，照样谁都敢得罪，不论你官多大，只要你敢鱼肉乡里，只要你敢欺压百姓，海瑞就会跳出来跟你斗个没完！据说，当时连刚退休的兵部尚书都栽在了他的手上。

但同样是因为海瑞的这股斗志，他在官场上也得罪了很多人，大多数人都不喜欢他，所以海瑞在浙江调来调去，始终还是个七品县令。

可我们说，大家都喜欢的人，未必是有用、有能力的人，他可能只是个和事佬、老好人。对于海瑞这种能力强、骨头硬的人来说，虽然大多数领导不喜欢他，但只要有一两个欣赏他的人，他就能脱颖而出。正好，当时的朝廷也不缺少欣赏海瑞的人，这个人就是我们前面提到过的，可以算是海瑞的贵人、命里的福星——朱衡。

海瑞原来在福建南平当校长的时候，朱衡就是福建的提学副使，也就是教育厅的副厅长。当时别人都戏称海瑞是个“山笔架”，都在背后嘲讽他，只有朱衡欣赏他、器重他，为他开展工作提供了各种方便。

后来，海瑞之所以能到淳安当知县，也是因为朱衡调到了吏部，才一力推荐的海瑞。

就算是鄢懋卿后来想要陷害海瑞的时候，朱衡也还是一如既往地保护过他。所以，后来海瑞一生最感激的人就是朱衡。

现在严党倒台了，海瑞在基层的工作成绩也很突出，而此时朱衡又正好升任了吏部侍郎，也就是中组部副部长，所以，在朱衡的推荐之下，海瑞终于从一个小小的地方官调到京城去当了京官——而且还升级了，做了户部云南司的正六品主事。

换了别人，调到了京城当京官，还升了官，肯定开心得不得了。可海瑞并不怎么开心，这是为什么呢?

因为这个户部云南司的主事，在海瑞看来，是个极无聊的文职岗位。

它的工作职责也就是发发公文、整整材料，以及兼顾一些文化与民族工作，基本上相当于是个什么文字材料都要管的文字秘书。

海瑞心想，在淳安做县令的时候，好歹还能为百姓做点儿实事，现在每天坐在办公室，一张报纸一杯茶，做个轻松自在的办公室科员，这和他的人生理想差距实在太大了！于是，他就琢磨着怎么做点儿实际工作，比如调查研究之类的。

等他做了一年的调查研究之后，海瑞出离愤怒了，他又开始发挥出他“摸老虎屁股”的习惯与爱好了。不过这一次他摸的动静实在太大了，不仅震惊了朝野，也震惊了整个明史。

夸张的行为艺术

海瑞这次要摸屁股的老虎，可不是一般的老虎。所以，对于这次的冒险，海瑞是做了充分的思想准备。

他先亲自上街，转悠了半天，在棺材店里买了一副便宜的薄皮棺材，然后就把棺材拖回了家。他老婆看他好端端地拖了个棺材回家，也吓了一跳。问他弄个棺材回来干吗，他也不说。

海瑞把棺材放好，就出门了。他到哪儿去了呢？到他的好朋友王宏诲家里去了。

王宏诲是海瑞的同乡，也是海南琼山人，所以两个人的关系很好。王宏诲看海瑞来了，就温了壶酒，弄了两个凉菜，请他吃饭。

海瑞也不客气，闷头吃了一会儿，突然拿出 20 两银子来递给王宏诲。

王宏诲一看就惊呆了，说你怎么回事啊？好端端的给我银子干吗？

海瑞这时候笑了笑，说这 20 两银子，就是我当官以来全部官俸积攒他先亲自上街，转悠了半天，在棺材店里买了一副便宜的薄皮棺材。

郦波语录

历史上有关棺材的著名事件，往前数，只有三国时期的庞德庞令名『抬棺战关羽』；往后数，就只有明代的海瑞『抬棺骂嘉靖』了。

所以，海瑞抬棺骂嘉靖，单就这份创意、这种行为艺术而言，那也可以算是大明王朝历史上的一个传奇了。

下来的。我把它交给王兄，是想拜托王兄一件事。

王宏诲一听大吃一惊，倒不是吃惊海瑞的全部积蓄就这20两银子——因为谁都知道海瑞是个彻头彻尾的清官。王宏诲吃惊的是海瑞竟要动用全部的积蓄，这件事肯定不小。

只听海瑞说，我想托王兄照顾我的老母和家人，我在京城别无乡友，这件事也只能托付王兄了！

王宏诲一听，这就是托孤啊！那得临终的时候才会这样啊！所以他赶紧问：海兄你活得好好的，这是怎么了？出什么事儿了？

这时候，只见海瑞从袖筒里掏出一份奏章来，递给王宏诲说：“海某命不久矣，王兄一看便知。”

王宏诲打开一看，是一篇将要上奏给皇帝亲阅的奏疏，题为《治安疏》，后世也称之为《直言天下第一事疏》。

王宏诲看着海瑞的这篇奏疏，是越看越惊，越看脸越变颜色，最后看得汗都下来了！看完之后，他拿着奏疏的手都抖了，说：“海兄，何必如此啊！”

原来，这个《直言天下第一事疏》，就是海瑞要干的摸老虎屁股的事儿，而他要摸的这只老虎，就是当时的天子，明代历史上号称“脾气最犟、最怪”的嘉靖皇帝。

原来，海瑞在户部主事这个无所事事的科员岗位上，对残酷的社会现实、对各种社会弊端都做了一定的调查研究，最后得出的结论是：一切问题的症结、一切腐败的根源、一切弊端的根子都在嘉靖皇帝身上！而这一点，天下人都知道，就是没人敢说。

因为此前的严嵩主政，造成了嘉靖朝的大臣们只知道一味媚主的局面，所以从来就没人敢指出嘉靖皇帝的任何过错。而海瑞认为，这也是导致嘉靖越来越昏庸的关键原因。

现在，他海瑞要做这个出头鸟，来指出嘉靖皇帝的执政问题，尽一个做臣子的职责。

海瑞的初衷是想指出导致时政腐败与黑暗的各种问题的根源，所以他本质上是想规劝嘉靖帝。可海瑞的那个性格在那里，他的出发点是想规劝，但写出来的话可都是指名道姓的批评与痛骂，所以王宏诲看着看着手都抖了。他一个劲儿地劝海瑞要慎重，说这样做一定会引来杀身之祸的。

但海瑞心意已决，为了天下苍生，誓死也不回头。海瑞说就是知道会有杀身之祸，这才来求你王兄照顾我的家人。当然，我知道这 20 两银子根本不管什么用，但我也只有这些钱了。丈夫临难，托之忠义，一切都只能拜托王兄了！

说完，海瑞把杯中酒一饮而尽，然后拿着他那篇《直言天下第一事疏》毅然地告辞了王宏诲。

虽千万人，吾往矣！

海瑞回到家中，把准备舍命上疏的事向家人一说，老婆王氏当时就哭了，说怪不得你弄个晦气的棺材回来，你这不是自寻死路吗！但海瑞的母亲谢氏听了却没掉一滴泪，作为从小就想把儿子培养成一个顶天立地的圣人的母亲来说，她听到儿子敢于舍生取义，没有半分埋怨，唯有赞同和支持。

海瑞带着母亲的期望和他那口薄薄的棺材径直出门，他要去递他那篇必将引起轩然大波的《直言天下第一事疏》了。

而海瑞的母亲站在门口，望着儿子远去的背影，居然没有一丝担忧和叹息。

刚才这段“海瑞辞母”的场景曾出现在很多影视艺术作品里，那气势绝对可称得上是“风萧萧兮易水寒，壮士一去兮不复还”。可事实上，据明史的一些典籍材料我们可以考证出来，当时海瑞的母亲并没有跟海瑞一起到北京来住——因为她嫌北方太冷，所以回海南老家了。所以，海瑞临行告别的也只有老婆与孩子而已。

再说明代的奏疏上奏也是有个程序的，并不是你要把奏疏递给皇上看，皇上立马就能看到的。但影视剧都喜欢表现海瑞“壮士辞别”，然后“抬棺骂皇帝”这一段，那是因为这样表现，有戏剧性，有冲突性，好看！容易出戏！

可事实上，我们话说回来，就算海瑞没有跟老母亲“壮士辞行”，就算海瑞没有抬着棺材到午朝门那儿去骂皇帝，但他那份视死如归的勇气、抗颜犯上的胆气、伸张正义的豪气，也都是震古烁今、不减分毫的。

《明史》说海瑞：

> 市一棺，诀妻子，待罪于朝，僮仆亦奔散无留者。（《明史·海瑞传》）

也就是说，他递呈了这篇《直言天下第一事疏》后，辞别了家人，遣散了奴仆，并抬着棺材，“待罪于朝”——虽然没有抬着棺材当面儿去骂嘉靖，但这份气概称为“抬棺骂皇帝”，我想也不为过。

我们知道，历史上有关棺材的著名事件，往前数，只有三国时期的庞德庞令明“抬棺战关羽”；往后数，就只有明代的海瑞“抬棺骂嘉靖”了。所以，海瑞抬棺骂嘉靖，单就这份创意、这种行为艺术而言，那也可以算是大明王朝历史上的一个传奇了。

五骂天子

话说这篇《直言天下第一事疏》在一通“击鼓传花”式的公文流转之

后，终于递交到了嘉靖皇帝的手里。这一天，嘉靖心情本来还不错。虽然他这时候已经老了，也十几年不上朝了，但他对朝廷大局还是控制得很紧的。前一段专权的大奸臣严嵩倒台了，祸乱朝政的严党也都被清洗掉了，主政的徐阶是个非常谨慎的人，所以他的心情还是比较舒畅的。

就在这个令人心情舒畅的午后，心情舒畅的嘉靖皇帝读到了海瑞的这篇号称《直言天下第一事疏》的《治安疏》。

嘉靖一看，眼睛就瞪大了，因为他从来没看过这样的奏疏。

海瑞的骂功堪称独步天下，所以他也不多说废话，开门见山，一上来就开骂。当然海瑞骂归骂，他也懂得要拐弯抹角地骂。他上来先说：

君者，天下臣民万物之主也。惟其为天下臣民万物之主，责任至重。凡民生利病，一有所不宜，将有所不称其任。

意思是说，皇帝是什么，皇帝就是应该为天下百姓、臣民万物负责任的那个人，咱们先从这个话题说起——我海瑞觉得皇帝您不太负责任。

为什么这么说呢？

海瑞从以下五个方面对嘉靖进行了深入细致的批骂。

首先就是皇上您对您自己不负责。您说您这么多年不上朝，只知道一味地修道，求长生不老，您说您这是当皇帝的样儿吗？

为了求长生，您不停地斋醮、炼丹，弄了大批的方士为祸朝廷，为祸天下。可是你看看古往今来的圣君明主，哪一个能长生不老呢？“尧、舜、禹、汤、文、武，圣之盛也，未能久世”（《明史·海瑞传》），就是说连尧、舜、禹这样的古之大圣人都不能长生不老，更何况你这么一个磕碜皇帝呢！

海瑞又继续嘲笑嘉靖说：

> 下之亦未见方外士自汉、唐、宋至今存者。陛下受术于陶仲文，以师称之。仲文则既死矣，彼不长生，而陛下何独求之？（《明史·海瑞传》）

就是说，你找了大批的方士，还说什么只要拜那个江湖骗子陶仲文为师，就可以得到长生不老的秘方。可现在陶仲文都死了，他都不能长生，你怎么可能长生呢？他要是有长生不老药，他不自己先吃啊？他还会死吗？所以，他明显就是个江湖骗子。你说你一个堂堂大明王朝的皇帝，拜一个骗子为师，多寒碜人啊！

要知道，嘉靖皇帝一生最大的业余爱好就是修道求长生。现在到了晚年，他几乎什么事儿都不干了，连皇宫都不住，专门住到一个叫西苑的地方求长生。现在海瑞一上来就嘲笑他说求长生是件智商很低下的事儿，所以一上来，嘉靖就火了。

但我们说阅读是有惯性的，嘉靖虽然一上来就火了，但海瑞这篇奏疏写得实在是太流畅了——也就是骂得实在太流畅了，以至于嘉靖都停不下来，把海瑞骂自己的话一气就看下去了。

海瑞骂嘉靖第二点就是对儿子不负责。

嘉靖因为怕死，所以就一直拖着不肯立太子——立了太子，就说明自己老了，要不行了。再加上方士给他算过命，说他“二龙不宜相见”，就是说他这个现任的皇帝和下一任皇帝是不宜相见的，所以他十几年也不见儿子一面。当时的裕王，也就是后来的隆庆帝，被他爹嘉靖熬得差点儿就要赶在他爹前头完蛋。

所以，海瑞直接地说：“二王不相见，人以为薄于父子。”（《明史·海瑞传》）那意思是说，你不但对自己不负责，还对你儿子不负责，你这个当爹的，根本不配！

海瑞骂嘉靖第三点，是说他对老婆不负责。

这一点就相当有意思了！因为嘉靖想求长生，从皇宫里搬了出来，搬到了西苑住，这样也就不近女色了。海瑞因此说嘉靖："乐西苑而不返，人以为薄于夫妇。"(《明史·海瑞传》)就是说，你长久不过夫妻生活了，宫里的皇后、嫔妃又不能像民间的女子那样随便再嫁，你这不是让她们守活寡吗？你说你这做老公的，像话吗？

嘉靖看了这一条，鼻子都要气歪了！你说我过不过夫妻生活，干你屁事？连这你也要管，连这你也要骂，这还有没有天理了？

可海瑞这还不算完，他从家庭生活骂起，还只是个开头，他是要按照"家、国、天下"这个宏伟的顺序，把这个巨大的批判过程完成下去。

海瑞骂嘉靖的第四点就是说他对朝廷不负责。

海瑞说嘉靖：

> 一意修真，竭民脂膏，滥兴土木，二十余年不视朝，法纪弛矣。……以猜疑诽谤戮辱臣下，人以为薄于君臣。(《明史·海瑞传》)

就是说，因为嘉靖一意修道，已经二十多年不上朝了，这不是典型的消极怠工吗？粗俗点儿说，你这叫占着茅坑不拉屎！谁要是劝你一下吧，你还动不动就以廷杖的刑罚来打这些大臣，有直接摁倒了打的，有被脱了裤子、光着屁股挨打的，还有直接就被打死的！你不知道古语有云"刑不上大夫"啊？

所以，作为皇帝，您对朝廷、对大臣们，这能叫负责吗？

第五点，也是最后一点，就是骂嘉靖对天下百姓不负责了。

海瑞历数嘉靖当政以来政局混乱、民不聊生的社会现实，把北有俺答的入侵，南有倭寇之乱，西有少数民族的暴动，中原有大量受灾的灾民，朝廷有严嵩的严党乱政，反正所有的屎盆子，一股脑儿都扣在了嘉靖的头上，搞得嘉靖就是古希腊神话里那个放出一切罪恶、瘟疫与丑陋的潘多拉盒子。

按海瑞这个说法，包括现代的禽流感、猪流感，连非典病毒都是因为嘉靖皇帝才有的。

嘉靖看得这个憋屈啊！心里想：我求长生归求长生，搬到西苑归搬到西苑，可我国家大事一点儿都没放下啊！这些年我批了多少奏章，处理了多少政务啊，你个六品芝麻官你知道什么啊？我要是荒政、怠政，能在这儿看你这篇骂我的奏章吗？而且你管天管地，还管我的家事，管我的夫妻生活，你说你这个浑蛋，凭什么啊！

所以，他这时候憋屈、委屈加愤怒，气得几乎要爆炸了。

可海瑞还没完呢，他还总结说，当今天下：

> 吏贪官横，民不聊生，水旱无时，盗贼滋炽。陛下试思今日天下，为何如乎？（《明史·海瑞传》）

这最后真可谓是惊天一问啊！就是问嘉靖，你个皇帝老儿，你说说看，你把这天下糟蹋成什么样了？

嘉靖这下不是气得要发疯，而是气得要掉眼泪了——有这么冤枉人的吗？所以，他当时的表现是：

> 大怒，抵之地，顾左右曰：趣执之，无使得遁！（《明史·海瑞传》）

就是气得浑身直发抖，把海瑞的这个奏章“啪”地扔在地上，而且恨不得上去要踩两脚。嘉靖这时候年龄也大了，事实上他读了海瑞这篇骂他的奇文之后，只过了一年就死了。所以他这时候身体也不好，气起来浑身像筛糠一样，一边打哆嗦，一边大声地喊：

“快去！快去！快去派人把这个家伙抓住，千万别让他跑喽！”

按这个架势，海瑞要是被抓到嘉靖面前，肯定立马就要被处死。

但我们前面说过，海瑞这个人胆大包天，经常惹祸，可问题是他的命好，每次遇到问题、遇到麻烦，还总有人来帮他。

就在这个嘉靖对海瑞动了杀机的关键时刻，又有一个人来帮他了——这个人还是个太监。

嘉靖让人赶快去抓海瑞，千万别让他跑了的时候，他身边的司礼监太监黄锦赶快上前对怒火冲天的嘉靖说：

此人素有痴名。闻其上疏时，自知触忤当死，市一棺，诀妻子，待罪于朝，僮仆亦奔散无留者，是不遁也。(《明史·海瑞传》)

就是说，皇上，这个海瑞大家都知道，他精神有点儿问题，您何必跟他较真。我听说他递交这份奏章时，就下了必死之心，而且还买了口棺材，遣散了家中的僮仆，与家人也都生离死别过了。所以，您别担心，他这会儿就守在棺材边儿等您派人去抓他呢，他肯定不会跑的。

听了这个话，嘉靖一下子就沉默了！毕竟他在这个皇帝的位置上坐了四十多年了，什么样的风雨没见过？刚才他一读海瑞骂自己的奏章，盛怒之下，所以恨不得立马把海瑞抓过来咬上两口——因为已经气得咬牙切齿了嘛！现在听黄锦这么一说，他也立刻冷静了一些，知道海瑞是绝不可能逃跑的。

所以，他倒作出了一个很奇怪的反应，海瑞他也不抓了，甚至嘴巴里也不骂了。《明史》上说：

帝默然。少顷复取读之，日再三，为感动太息，留中者数月。尝曰：此人可方比干，第朕非纣耳。(《明史·海瑞传》)

就是说，因为海瑞骂得太狠了，嘉靖从来没被人这么骂过，所以他反倒冷静下来了。后来还拿了海瑞这篇《直言天下第一事疏》翻来覆去地看了好多遍。之后突然说了句话："海瑞可比商纣王时期敢于死谏的忠臣比干，但我并不是商纣王那样的昏君啊！"

从这句话里，我们也可以看出来，嘉靖不是不知道海瑞的忠心，但他毕竟被这个小小的六品官一顿臭骂，心里一口不平之气还是平不下来。

祸闯大了

看了嘉靖这个表现，大家千万不要以为他还是个挺宽宏大量的皇帝，其实嘉靖一辈子最大的特点就是小心眼儿。他之所以不马上抓海瑞，完全是因为他的另一个特点——疑心病重。

嘉靖这个人很会玩手腕儿，而且他这个皇帝位子也算是天上掉馅儿饼掉下来的。因为他的前任武宗皇帝没儿子，所以大臣们才推选了武宗的堂弟，也就是后来的嘉靖当皇帝。嘉靖当了皇帝之后，老觉得大臣们都拿他不当回事儿，所以他虽然是皇帝，却也跟手下这帮大臣斗了几十年。后来，总算利用挑动"群众斗群众"的方法，使得大臣们自己四分五裂，他才牢牢地把大权抓到了手上。

所以，现在海瑞胆敢这样明目张胆地来骂他，而且还把他骂成这样，嘉靖就觉得这不像是一个人的行为，海瑞的背后肯定还有黑手——肯定还有个什么反领导的小团伙。他先不抓海瑞，就是要看看海瑞跟什么人联系，背后有什么小团伙。

可是现在海瑞捅了这么大一个娄子，这会儿虽然嘉靖还没下令抓他，但满朝文武谁也不敢跟海瑞接触。海瑞呢，也知道自己现在就是个扫帚星，所以他也不去招惹别人。嘉靖等了十几天，看看实在等不出什么结果，还是忍不住下令把海瑞下到诏狱里去了。

这时候，反倒有个不开眼的凑上来送死，这个人就是何以尚。

何以尚看嘉靖停了那么长时间不抓海瑞，就以为嘉靖并不是真的生海瑞的气，并不是真的想杀海瑞，结果他就上表替海瑞求情。结果，嘉靖一看，总算冒出一个同党来了！我说怎么可能没有同党呢？所以，马上下令把何以尚也抓了起来。

按嘉靖的脾气，虽然他也知道海瑞是一片忠心，但他心眼儿小啊，实在忍不下这口气，所以大家都觉得下了大狱的海瑞是必死无疑。但这时候，又有一个关键的人物来救海瑞，他就是后来万历名相张居正的恩师、一手斗倒了严嵩、时任内阁首辅的徐阶。

徐阶为官还是比较正直的，他也知道海瑞的一片忠心，是个人才，再加上海瑞上了这个《直言天下第一事疏》之后，一下子已经是名震天下了，按当时人的说法是：

公是疏一出，而直声震天下，上自九重，下及薄海，内外无不知有所谓海主事者。（明·梁云龙《刚峰海公行状》）

就是说，全天下的人都知道这个海瑞海刚峰了，而且由于这个人居然敢骂皇上，还把皇上骂得没脾气，只有干瞪眼儿的份儿，所以全天下的人都把海瑞当成大英雄来看。

徐阶很聪明，知道这时候要帮着嘉靖杀了海瑞，恐怕自己这个主政的内阁首辅也没好名声，所以他打算找个适当的时机来出面营救海瑞。

海瑞被下在大狱里，刑部审过之后，就定了个“大不敬之罪”，并依罪判了海瑞死刑，报上来就等着嘉靖批了。可嘉靖看到这个死刑报告后，却还一直没批。有一次嘉靖跟徐阶谈到海瑞的事儿，徐阶很聪明地旁敲侧击地说：

“像海瑞这家伙，不过是来自草野民间的书生，他不是不晓得皇上您是圣明天子，他之所以敢来冒险骂您，不过是想要一个震惊天下的名声罢了！说到底，他的出发点就是想炒作，就是想沽名钓誉。现在皇上您要是真杀了他，反倒成全他了！我觉得皇上还不如不加罪于他，这样海瑞想借骂您来沽名钓誉的目的也就达不到了，而且反过来，全天下的人还能看到您的宽容大度，一定会歌颂您的。”

你说这个徐阶会不会忽悠——那真是刀尖上走过来的老江湖！这番话一说，就把嘉靖的心给说动了。后来，嘉靖对这个执行海瑞死刑的报告就一直没有批。

虽然，嘉靖对海瑞的死刑报告没有批，但海瑞毕竟犯的是大不敬之罪，所以在监狱里也没好日子过。他被关在诏狱里，那可不是一般的监狱，那是锦衣卫专属的监狱，到那儿的人不死也得被扒层皮，甚至有好多人在正式判刑之前就已经被打死了。

海瑞在诏狱里虽然也受了不少活罪，但毕竟还活得好好的，那是因为我们常说的，他的命里总有贵人相助！当时负责海瑞案子的是刑部的一个郎中叫徐廷绶，他就利用职务之便，尽力保全了海瑞的性命。

那么徐廷绶为什么甘冒风险也要来保海瑞呢?

这是因为徐廷绶就是浙江淳安人，他在考科举之前，海瑞就是淳安县

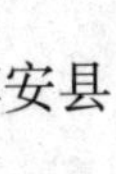

令，可以说徐廷绶是受海瑞精神熏陶过的。当初海瑞调离淳安的时候，全县的人要为“海青天”建一个功德碑，这个碑文就是徐廷绶亲自写的。所以，现在看到海瑞落难了，徐廷绶怎么着也要保住海瑞在大狱里的性命。

可我们说，徐廷绶再帮忙也只是暂时的，等到嘉靖那儿死刑的命令一批下来，他一个小小的刑部郎中，再想保海瑞也保不住了。

这一天终于到了，在海瑞下狱整整一年之后，这个最后的日子终于来临了。

这一天，那位胆气、豪气惊天下的海瑞海刚峰先生正在牢中端坐着呢，突然，提牢主事，也就相当于是监狱长，亲自让人抬着酒和菜进来了。海瑞一看就明白了，知道自己的大限到了，这就是送他上路的“断头饭”啊！

但他也不怕，一年前他就准备好了，一直等了一年多，说实话，海瑞都等得有点儿不耐烦了。现在终于到了这一天，他反倒轻松了。

那么，海瑞的这顿“断头饭”到底吃得怎么样呢？

事事出人意料的海瑞，又会把这顿“断头饭”吃出什么新花样来呢？

而海瑞一向可以逢凶化吉的命运，这次还能否再产生奇迹呢？

海瑞被下在大狱里，刑部审过之后，就定了个『大不敬之罪』，并依罪判了海瑞死刑。

郦波语录

看了嘉靖这个表现，大家千万不要以为他还是个挺宽宏大量的皇帝，其实嘉靖一辈子最大的特点就是小心眼儿。他之所以不马上抓海瑞，完全是因为他的另一个特点——疑心病重。

第六章 海瑞与徐阶

那些因为大胆进言批评皇帝最有名的，还关在监狱里的，最突出的就是海瑞了。而这个遗诏摆明了也是徐阶写的。所以，前面是因为徐阶，海瑞没有被立即执行死刑；现在也是因为徐阶，海瑞才得以被无罪释放。而且释放了之后，在徐阶的关照下，海瑞不仅官复原职，后来没多久，还连升好几级，一直做到了正五品的大理寺寺丞。

我们不由得想问一个问题，那就是徐阶跟海瑞素昧平生，他为什么要这么帮海瑞呢？尤其当我们知道后来“海瑞罢官”那段有名公案，海瑞主要的斗争对象就是徐阶，我们就会更加奇怪，海瑞和徐阶之间到底是什么关系呢……

对手死了

海瑞抬棺骂嘉靖，骂得很痛快，后果很严重。虽然声震天下，但也弄了个锒铛入狱，而且被判了个死刑，只等着嘉靖皇帝下旨，就要被执行死刑了。

这一天，监狱的提牢主事，也就是监狱长，让人端了饭菜来请海瑞吃。海瑞一看就知道自己该上路了，这就是犯人杀头前的“断头饭”啊！

说起来海瑞也不是没准备，说老实话，对于生和死，海瑞向来看得很淡，于谦的那句“粉身碎骨浑不怕，要留清白在人间”，不仅是《石灰吟》里石灰的写照，也可以说是这位海瑞海刚峰的写照。

海瑞不怕死，他只怕死得不光明磊落，死得不轰轰烈烈！

现在，他因为抬棺痛骂嘉靖皇帝，而落得个锒铛入狱，而且马上还要上断头台。见到这个结局，海瑞反倒非常镇定，甚至多少有些欣慰。

他镇定也就罢了，为什么还有些欣慰呢？

道理很简单：

一是因为他觉得自己死得其所。像海瑞这样的人，虽然是一个物质的人，但他却选择为精神而生活！也就是说，他在精神世界里是永生的，你让他死，不过是毁灭了他的物质形态，反而给他提供了凤凰涅槃的机会。

所以，海瑞认为，他现在能为天下正义而死，这种死反而成就了他的理想与精神，他正求之不得呢！

二是他的老母妻儿反正已托付了友人照顾，虽然不能再在母亲面前尽孝是海瑞最大的遗憾，但海母最大的特色，我们前面说过，就是要把海瑞培养成一个道德伟人，为了这个目标，她在所不惜，也就是什么都不顾。现在海瑞奔着这个目标去了，虽然唯一的儿子要走上断头台，这个当母亲的也觉得儿子死得轰轰烈烈，死得其所。所以，虽然海瑞的妻子为此哭得死去活来，但据说，海瑞的母亲，也就是那位有名的海母，在听说儿子身下诏狱并被判了死刑之后，一滴泪都没流，还说海瑞是个好儿子，没辜负我的一番教育与培养。

你说，连海瑞一生最敬重的母亲都不怕他死，海瑞自己能怕死吗？

所以，他见监狱长把饭菜端进来之后，也不诧异，脸上没有丝毫的变化，坐下来，掸掸身上的灰尘，非常平静地拿起筷子，把桌上的饭菜都吃了。

海瑞在那儿神色庄严而肃穆地吃着一桌酒菜，监狱长在旁边站着，赔着小心，开始愣是没敢说话。

为什么呢？很简单，海瑞吃饭的样子比较庄严、肃穆。

一般人可能以为海瑞是知道自己要死了，所以才吃得这么庄严、肃穆。其实根本不是这么回事，因为他向来不苟言笑，而且立身垂范，行动举止非常讲究规范和礼仪，所以他平常吃饭都是这么庄严、肃穆的。

但问题是监狱长不知道啊，只知道这位海大人连皇上都骂了，那在朝野上下，甚至在天下百姓心中，那就是个不得了的人物。这么一个不得了的人物，再这么庄严、肃穆地吃着饭，所以这个监狱长开始就没敢插话。

海瑞以为自己吃的是“断头饭”，所以就没理送饭菜来的监狱长。

监狱长看他吃得那么庄重，所以开始也没敢打扰他吃下去。

结果这一顿饭，吃得是相当的庄严而漫长。

好不容易吃完了，海瑞抬起头来，冷冷地看着监狱长，那意思是：“没什么大不了的，不就是个断头台嘛，咱们上路吧！”

哪知道，监狱长看他好不容易吃完了，赔着笑脸凑上来说：“海大人，怎么样，饭菜还可口吧？”

海瑞冷冷地说：“啰唆什么！上路吧！”

监狱长听了这话一愣，上什么路啊？不过他一想就明白了，知道海瑞肯定误解自己了，以为这顿饭吃的是“断头饭”！所以，他赶忙凑到海瑞的耳朵边说：

宫车适晏驾，先生今即出大用矣。（《明史·海瑞传》）

这话是什么意思呢？其实很简单。

“宫车”代指皇上，“晏驾”就是驾崩了，“适”就是刚刚。“宫车适晏驾”，就是说，皇上刚刚驾崩了——嘉靖皇帝刚刚死了！

海瑞是因为骂嘉靖皇帝才下狱的，但就算嘉靖活着的时候，也没让海瑞死，还把他比作古代的忠臣比干呢！现在嘉靖都死了，海瑞那就更不会死了。嘉靖活着的时候，朝廷上上下下的人就都想营救他，现在嘉靖死了，那救海瑞就更容易了。而且每一个皇帝死后，新皇帝上台的时候都会天下大赦，像海瑞这样的人，声名这么大，不仅肯定会没事儿，而且朝廷肯定还要重用的。

所以，这个监狱长也是个人精，看海瑞要转运了，所以备了饭菜来拍马屁。哪知道海瑞把他的一番好意当成了“断头饭”。所以他赶紧说“先生今即出大用矣”，就是说，先生你出狱后马上要升官了，你可不能忘了小人我啊！

这家伙，就是个十足的马屁精！

但海瑞听了这话，突然脸色大变。一把抓住这个监狱长的衣服，大声地问了一句："信然乎？"

就是说："是真的吗？"

监狱长看他这么激动，也吓了一跳——想想也正常，人在要死的时候突然知道了还有生的希望，谁不激动啊！所以，他使劲儿地点点头——他估计海瑞激动之后，马上就会开怀大笑的。

这个监狱长估计得差不多——不过只差了一点儿。

海瑞在激动之后，果然有了极其惊人的表现，但不是开怀大笑，而是放声大哭。《明史》的记载是，海瑞在确定了这个消息之后，"即大恸，尽呕出所饮食，陨绝于地，终夜哭不绝声"。(《明史·海瑞传》)

就是说，海瑞还不只是放声大哭，而是"大恸"，就是悲痛到了极点，悲痛得把刚吃下去的"断头饭"全都吐了出来，而且悲痛到"陨绝于地"的地步——也就是几乎哭死过去，至少是哭昏过去好几次。等醒过来，接着哭。后来，"终夜哭不绝声"，就是伤心欲绝，一夜都哭泣不止。

这哭得简直是惊天地而泣鬼神！这个悲痛程度，在海瑞整个人生历程中，可以说是绝无仅有！后来，他最敬爱的母亲去世的时候，他也没有伤心到这个地步。

这就不由得让人奇怪了，为什么海瑞绝处逢生，在知道自己不用去死了之后，在知道自己马上就能出狱，而且还有可能升官的消息之后，不是高兴，反倒是哭得死去活来。这是为什么呢？

你别说，连那个拍马屁的监狱长当时都看傻眼了！但海瑞的这个表现，后来全天下的人都理解，没有人觉得奇怪，为什么呢？因为大家都认为，海瑞就应该是这样的人！

什么样的人呢？

大忠大孝之人!

海瑞激动，不是为了自己是死是活，而是为了嘉靖皇帝是死是活。

海瑞在历史上被称为古代最著名的清官，但在当时及后来的封建社会里，他首先是被看作一个最纯粹的忠臣。

可能有人也会奇怪，他既然是一个纯粹的忠臣，为什么还会去抬棺骂嘉靖呢?

是这样，海瑞之所以骂嘉靖，出发点也是因为他“爱”嘉靖。这个“爱”当然不是男女之爱，是儒家伦理思想中忠君、忠父的君臣之爱。

海瑞作为一个臣子，他视嘉靖为君，也就视嘉靖为父，他对嘉靖的上疏，其实正是出于对君父的热爱，所以才作出忠言逆耳的规劝。你看他批评嘉靖的五个理由，其中有三个涉及私人生活方面，甚至连嘉靖不跟老婆过夫妻生活他也要提意见，就是因为嘉靖皇帝在他这个臣子的眼中像父亲一样。父亲在一个家庭里，要在各个方面都起到良好的示范作用。因为嘉靖没起到这个良好的示范作用，所以海瑞才会写个《直言天下第一事疏》来规劝他。一般人都以为海瑞是在骂嘉靖，其实，只是因为海瑞说话比较冲，所以我们觉得他是在骂——他的本意是规劝。因为爱，因为忠君，所以他不惜冒死规劝。

现在海瑞听说嘉靖皇帝死了，对他这种绝对忠君的臣子来说，用句古文，那叫“如丧考妣”，就好像死了自己的亲爹亲妈——甚至比自己亲爹亲妈死了还难受。这在古代的封建社会，是最为人所称颂的。能有这种忠君思想与忠君表现的人，在传统儒家看来，才是道德上的完人。

海瑞就是这样一个人，所以他听说嘉靖死了，想到自己冒死上谏希望嘉靖能做一个好皇帝的一片苦心，想到自己作为一个臣子没能帮助皇帝做一个明君，也就是没能尽忠尽孝，那心里实在是悲痛万分。

或者他根本什么也没想，出于他一个绝对纯粹的忠臣的本能，也出于他是那个时代绝对的道德完人的本能，他在得知嘉靖帝去世的消息后，一下子就受到了巨大的打击，所以才会有痛哭不止甚至呕吐到晕厥和昏迷的极端表现。

不管海瑞再怎么为嘉靖的死伤痛欲绝，没人觉得他这是在作秀！换一个人有这种表现绝对有作秀的可能，对于海瑞，绝对没这个可能。他一生坦坦荡荡、清清白白，在那个时代，再难找出一个比海瑞再坦荡、再清白的人了。所以，对他这种表现，当时朝野上下，都纷纷传颂，认为海瑞才是一个纯粹的忠臣。

嘉靖死都死了，再也没人敢来为难海瑞了，再加上他在朝野上下的名声越来越响，所以海瑞在吐掉了他的“断头饭”之后，终于风风光光地出狱了。

进入高层

要说海瑞这个人虽然脾气古怪，而且喜欢摸老虎屁股，喜欢惹点儿惊人的事出来，但这人的运气特别的好。最典型的就是，他每次犯了事儿，都有人来帮他，而且帮他的人一次比一次狠。

原来做县学教谕的时候，虽然得罪了副市长，但南平知府，也就是市长本人帮了他。

后来得罪了钦差、得罪了鄢懋卿的时候，他的平生知己朱衡又帮了他。

再后来，他抬棺骂嘉靖被下到了大狱，从负责案子的刑部官员徐廷绶，到司礼监的太监黄锦，再到当时的内阁首辅徐阶，个个都出来帮他。

尤其是徐阶，嘉靖问徐阶怎么处理下在狱中的海瑞，徐阶摸准了嘉靖的脾气，说海瑞明明知道您是个圣明天子，还敢来骂您，摆明了他是想炒作。他要不来骂皇上您，您说谁知道他海瑞呀？现在他一骂，这下出名了。但这种出名还不是好名声，最好皇上您一怒杀了他，正好成全了他忠臣的名声，那才是真正上了他的套呢！

徐阶这么说纯粹是为了要救海瑞的命，果然，嘉靖听了这话，沉吟了半天，最后到死也没批复对海瑞执行死刑的申请。

但嘉靖没让锦衣卫执行对海瑞的死刑，也没说要放了他。照这架势，海瑞不过是多关个年把儿，等到嘉靖忍不住了，他早晚还是一个死。但最后这一次，居然是最厉害的角色来帮他了。

谁呢？

老天爷！

老天爷突然让嘉靖先死了，这下，海瑞就不用死了。

而且嘉靖一死，徐阶作为内阁首辅，和他最得意的门生张居正——也就是后来领导了明代最有名的改革变法运动的那位千古名相，立刻起草了一份以嘉靖皇帝名义命名的所谓《世宗遗诏》。遗诏里面明确说道：

其建言得罪诸臣，没者恤录，锢者即释。（傅维麟《明书·世宗遗诏》）

就是说，因为大胆进言而得罪了皇帝而被下狱定罪的这些大臣，已经死的要平反昭雪，还关在监狱里的要赶快放出来。

那些因为大胆进言批评皇帝最有名的，还关在监狱里的，最突出的就是海瑞了。而这个遗诏摆明了也是徐阶写的。所以，前面是因为徐阶，海瑞没有被立即执行死刑；现在也是因为徐阶，海瑞才得以被无罪释放。而且释放了之后，在徐阶的关照下，海瑞不仅官复原职，后来没多久，还连徐阶这么说纯粹是为了要救海瑞的命，果然，嘉靖听了这话，沉吟了半天，最后到死也没批复对海瑞执行死刑的申请。

郦波语录

海瑞不怕死，他只怕死得不光明磊落，死得不轰轰烈烈！现在，他因为抬棺痛骂嘉靖皇帝，而落得个锒铛入狱，而且马上还要上断头台，见到这个结局，海瑞反倒非常镇定，甚至多少有些欣慰。

升好几级，一直做到了正五品的大理寺寺丞。

我们不由得想问一个问题，那就是徐阶跟海瑞素昧平生，他为什么要这么帮海瑞呢？

尤其当我们知道后来“海瑞罢官”那段有名公案，海瑞主要的斗争对象就是徐阶，我们就更会奇怪，海瑞和徐阶之间到底是什么关系呢？

至于海瑞和徐阶的斗争，我们后面再说。我们先来说说他们俩之间来之不易的友好关系。

关于在海瑞骂嘉靖的案子里以及这个案子之后，徐阶为什么会一直帮着海瑞，历来比较主流的说法，都是一来海瑞直言进谏，声震朝野，朝廷上下都把他看成一个大忠臣，徐阶自然乐得做个顺水人情来搭救海瑞；二来徐阶也不是什么坏人，这个人在政治上四平八稳，他跟嘉靖朝有名的大奸臣严嵩斗了几十年，最终把老奸巨猾的严嵩拉下了马，那个政治智慧可不是一般的深，在海瑞的事情上，他肯定深谋远虑，搭救了海瑞这样的人，也算为自己树立了好名声，也算捞到了一种政治上的资本。

这两点原因不能说不对，但个人以为，这些表面原因的背后，其实还有一个更为根本的原因。

我们知道海瑞在福建、浙江当芝麻官的时候，之所以能次次化险为夷，那是因为有一个“贵人”罩着他。后来，他之所以能到北京来当京官，也是因为这个人。海瑞把他当作平生最重要的一位知己，这个人就是我们前面反复提过的朱衡。

那么朱衡是什么人呢？

我们前面交代过，朱衡是张居正变法最重要的支持者，也是张居正的好友，更是徐阶一力提拔起来的后备干部。也就是说，因为朱衡是徐阶的心腹，而朱衡最为看重的海瑞会受到徐阶的关照，也就是顺理成章的事了。

现在，海瑞因为徐阶的救助，不仅在嘉靖活着的时候躲过了被执行死刑的厄运；还在嘉靖死后，因为徐阶的平反工作，被无罪释放；释放之后，更因为徐阶的器重，在官复原职后不久，又连升数级，一直做到了这个大理寺的寺丞。

这个位置，对海瑞来说，那可绝对是他的最爱。

因为大理寺主要管的是审案工作，海瑞这等于是坐到了最高法院的一个主审法官的位置。我们前面讲过，以他出神入化的断案才能，坐在这个位置上，他别提多开心了！所以，不论从哪个角度看，他对徐阶都应该是充满了感激。再加上徐阶本来也是个为国为民的好人，他在嘉靖死后干的工作，都是“拨乱反正”的工作，所以海瑞就越发地钦佩徐阶了。

于是，这位出狱之后已经名声大震了的海瑞海刚峰，因为对徐阶的这种良好认识以及某些个人情感，就一头扎进一场稀里糊涂的政治纠纷里去了。

破坏游戏规则

说到徐阶，不能不提明代嘉靖到隆庆年间的另外一个有名的人物，他就是最后斗倒了徐阶的高拱。

高拱本来跟徐阶也没什么仇，说起来他也是因为徐阶的帮助才进入内阁的。但对于这一点，高拱一点儿都不感谢徐阶。

这是为什么呢？

因为高拱在进入内阁之前，一直是嘉靖的儿子、后来的隆庆皇帝的老师。嘉靖一死，隆庆一登基，高拱凭着跟皇帝的师生关系，自然能进入内阁。所以，他觉得徐阶不过是做了个顺水人情，不是特别感激徐阶。

相反，因为一件小事，他倒恨起徐阶来了。这件小事，就是那个使海瑞得以无罪释放的《世宗遗诏》。

按明代的规矩，前一任皇帝死后，当时的顾命大臣会以死去皇帝的名义起草一道通告天下的遗诏。这种遗诏的内容往往是对前一任皇帝当政时国家大政方针的反思或修订，往往起到“拨乱反正”的作用，往往是非常得人心的。所以，能参与这个遗诏的起草，那就说明了你在下一任政府班子里的核心地位。

按道理，当时徐阶是内阁首辅，自然要主持这个遗诏的起草工作。但在徐阶之下，最有资格参加这个光荣的“拨乱反正”工作的就是高拱。因为，一来他是当时内阁中非常重要的人物，二来他还是新皇帝的老师，所以高拱满心以为这事徐阶怎么也不可能忽视了他。

可徐阶在这事上还真就忽视了他。徐阶先是在短时间里快速提拔了自己的得意门生张居正进入内阁，然后就排除了内阁中的所有成员，只让张居正参加了这项能象征政治地位的光荣工作。

这一来，高拱心里可就非常难平衡了。他跟张居正倒也没仇，两个人原来还是好朋友呢，所以他倒不恨张居正。他恨的是徐阶——你可以找资历最浅的张居正来主持这个“拨乱反正”的工作，却独独绕过了资历比张居正要老得多的我，那不是摆明了不把老子放在眼里吗？这还得了！

明代最讲究文人政治，文人之间就好拌个嘴、斗个气什么的。这位高拱也不是什么坏人，行政工作能力也很强，但最大的特点就是心眼儿小，好生气。这一下，他可就跟徐阶势不两立了！在起草遗诏这件事后不久，也就是海瑞在徐阶的关照下刚坐上大理寺寺丞的位置后，因为一件极小的事儿，高拱跟徐阶的矛盾一下就公开化了。

我们刚才说过明代最讲究文人政治，一个典型的表现就是言官的权力特别大。言官就是监察系统的这些官员，像都察院的御史和六科给事中，

就是言官的代表。他们的品级并不高，但一是可以直接向皇帝负责，可以越级言事；二是可以风闻言事，也就是不需要调查研究，他只要听到些风声就可上奏章来弹劾任何官员，哪怕你是内阁首辅。

有一天，有个叫胡应嘉的七品言官，心血来潮，为了一件芝麻粒大的事就上表弹劾当时内阁里实力派的第二号人物高拱。

那么，胡应嘉弹劾高拱什么事呢？

胡应嘉当时的位置是吏科给事中，专门可以就官员的作风、生活什么的发表议论。据说，有一次高拱在内阁值班的时候，因为恰好手头儿没什么事儿，就跟同事打了声招呼，回家去了。

后来据高拱自己解释说，他之所以上班时间溜回家，是因为那天他们家刚好搬家，大概请的“搬家公司”的人没来，所以他回家去照看一下。

当然，明代野史里也有一种说法，是说高拱因为一直没生儿子，比较着急，溜回家是“植树造林”去了。当然，这也是胡说，要“植树造林”，也没必要非要赶上班时间啊！可文人偏就喜欢这么说，这也可见出明代文人的习气来。

不管是为了什么，这事儿本来也不算什么大事儿，可是胡应嘉知道了，就郑重地上了一本弹劾高拱，说他不配当内阁大臣。为什么呢？很简单，上班时间“溜号”，你还有个内阁大臣的样儿吗？

这一下高拱鼻子都气歪了！但他确实值班的时候溜回家去了，所以他也不好说什么。隆庆当然不会因为这种事处罚他的老师，所以也就没什么下文了。

但高拱心里头这口气憋得难受啊！他就琢磨，这个胡应嘉跟他往日无怨、近日无仇的，怎么会冲着自己发难呢？

人就怕瞎琢磨，很多事本来很简单，自己关着门、捂着被子一琢磨，就变复杂了！高拱在家琢磨了半天，突然琢磨出味道来了——这个胡应嘉跟徐阶可是同乡，该不会是徐阶指使的吧！

这种念头一出现，就压制不住了，高拱越想越觉得是这么回事儿。

没过多久，胡应嘉刚好也犯了错误，内阁要拟定处理意见——因为也不是什么大错误，所以徐阶就主张从轻处罚。但高拱不干，好不容易逮着个报复的机会，主张一定要从重处罚。结果，徐阶作为首辅就很为难，其实他跟胡应嘉倒还真没有什么关系，但考虑到作为言官的给事中有很大的势力，所以他权衡了一下，还是较轻地处罚了。

这下高拱一看，好啊，胡应嘉果然是你徐阶的人！看来上次的事也是你徐阶背后主使的了！再加上徐阶“拨乱反正”，居然起用张居正都不用他，这下高拱的心头火“腾”地就烧起来了。他马上把斗争的矛头指向了徐阶。

高拱心里说，就你徐阶手下有言官？就你会让人弹劾我？我高拱手下人虽然不多，但好歹还有一两个。你让人弹劾我，我也让人弹劾你！

于是，高拱就指使手下一个叫齐康的言官来弹劾徐阶。弹劾徐阶什么呢？弹劾徐阶党护胡应嘉。

这个齐康弹劾徐阶也就罢了，他又把胡应嘉弹劾高拱的旧案扯了出来，说胡应嘉因为上班时间回家这种事来弹劾朝廷大臣实在是没事找事，无聊至极。

好嘛，这一下齐康可捅了马蜂窝了！

因为不管胡应嘉是不是小题大做，是不是有些无聊，但高拱上班时间“溜号”这是事实啊，胡应嘉就此批评高拱怎么着都在情在理啊！所以，其他言官一看齐康居然因此来攻击胡应嘉，很多人就不干了，大家一起来痛骂齐康。一时间，朝廷上下为这个事是骂声一片，吵闹声一片。

但即使到这个时候，也还只是言官之间互相吵骂，事件的中心人物还主要是齐康和胡应嘉。可就在这个关键的时候，有一个关键的人物站了出来，一下子就把这场言官之间的吵架事件给升了级。

那么，是谁有这么大能量呢？

这个关键的人物，就是大明朝“一代骂神”——海瑞。

海瑞这时候是大理寺寺丞，是最高法院系统的官，跟都察院系统，也就是言官系统本来不搭边。可海瑞这个人我们知道，他的信条是“人生无论成败，眼中但有是非”，也就是说，他的是非观念非常强。他看这个事儿摆明了是齐康不在理，摆明了是高拱在指使齐康来报复胡应嘉，并以此来攻击徐阶，可大家只指责齐康，这不隔靴搔痒吗。他就实在有些看不下去，也忍不住了。

于是，海瑞出人意料地上了一篇弹劾文章，矛头直指齐康背后的高拱。

海瑞这篇文章名叫《乞治党邪言官疏》，就是把高拱和齐康当成一个小人的党派来看待了。

海瑞也是先骂齐康，说齐康对胡应嘉和徐阶的指责实在是居心叵测。然后，海瑞不像别人那么客气，只骂齐康了事，他痛骂齐康，说他是“受高拱指使，搏噬善类，顾一己爵禄，不顾天下安危”的“鹰犬”！这看上去是骂齐康，但明确地把受高拱指使的真相说了出来。这还不算完，然后他就直接点高拱的名，嘲讽高拱虽然有行政才能，但却是小人之心，说高拱“小人非才不能动人，小人非才不能乱国”！就是说高拱在祸乱朝政！最后，他索性直不笼统地要求隆庆帝，应当“罢斥高拱，将齐康重加刑治”。(《海忠介公全集·卷一·乞治党邪言官疏》)

海瑞这篇文章可是这起因为上班“溜号”所导致的吵架事件中的一颗重磅炸弹。

为什么这么说呢？

因为齐康的背后是高拱，这一点大家心知肚明，但谁都不好意思把这个底儿说出来。因为胡应嘉和齐康之争还只是低级官员之争，牵涉不到可海瑞这个人我们知道，他的信条是『人生无论成败，眼中但有是非』，也就是说，他的是非观念非常强。

郦波语录

海瑞对徐阶，那是有着维护之情的。之所以这样，并不仅仅是因为徐阶救过海瑞，主要是因为在海瑞的心里，认为徐阶的执政措施是利国利民的，而且他对徐阶的政治品格也是绝对认可的。所以，他维护徐阶，是因为他认为徐阶是正义的。

朝廷的脸面，但高拱与徐阶之争，那可是当朝最重要的官员之争，那闹起来，整个政府班子都要很丢脸的。所以，大家虽然都知道这个底儿，但也还都遵循游戏规则，吵归吵，谁也不说破。

好嘛，现在海瑞出场了，他可不管什么游戏规则，他怎么想的就怎么说，而且他还不是以言官的身份上疏的，再加上他这位“骂神”的名声又不是一般的大。这一下，这场吵架事件立刻急剧升级。

大家看海瑞都挑了这个头儿了，这下没什么人再顾忌游戏规则了，所有偏徐阶一派的言官立刻把口水都吐向了高拱，纷纷指责他挟私怨报复胡应嘉，又“莫须有”地指使齐康攻击徐阶。后来，这事儿一直闹到隆庆皇帝的面前。虽然隆庆有心护着他的老师，但高拱脸面丢尽，实在不好意思在京城待了，于是提出辞职，回老家去了。

这一场因为“上班溜号”导致的吵架事件，最终以徐阶的完胜而告终。而徐阶能取得这个意外的胜利果实，说到底，和海瑞这位“大明第一骂神”进来掺和了一把，那是有着绝对的关系的。

在这场吵架事件中，我们不难看出来，海瑞对徐阶，那是有着维护之情的。之所以这样，并不仅仅是因为徐阶救过海瑞，主要是因为在海瑞的心里，认为徐阶的执政措施是利国利民的，而且他对徐阶的政治品格也是绝对认可的。所以，他维护徐阶，是因为他认为徐阶是正义的。

可世事难料的是，就在全力维护了徐阶之后不久，海瑞斗争的矛头却出人意料地对准了徐阶，这到底是怎么回事呢?

是什么导致海瑞对徐阶的态度产生了 180 度的大转弯?

海瑞斗徐阶，和那场著名的“海瑞罢官”，又有什么样的关系呢?

第七章 海瑞下江南

高拱看准了，只要海瑞到了江南，了解到徐家的情况，依他的脾气肯定还要跟徐阶掐起来。这样一来，让海瑞去做这个应天巡抚，既体现了他宽宏大度的一面，又为报复徐阶埋下了伏笔，真可谓是一箭双雕！

那么，海瑞会按高拱的想法去和徐阶作对吗？徐阶毕竟救过他的命，他也刚刚在徐高斗争中帮过徐阶的忙——他难道真的会跟徐阶斗起来吗？

“馅饼”砸到了脑袋上

海瑞总是那么出人意料！他在徐阶与高拱的斗争中异军突起，发挥他超凡入圣的骂功，不顾官场潜规则，一下把高拱骂到了一个千夫所指的尴尬境地，弄得高拱不得不提出辞职，生平第一次离开了官场。

这一下，对于徐阶来说，海瑞可以说是作出了重要的贡献。那么，徐阶作为内阁首辅，会不会升海瑞的官呢？投桃报李嘛，你帮了我，我当然要回报你啦。

你别说，海瑞在这件事后不久，还真升了官，而且一下子升了大官——被越级提拔，一下子坐到了主管江南十府的应天巡抚的位置。

但出乎所有人的意料，海瑞的这次升官，倒不是出于徐阶的照顾，反倒是由于被他骂走的那位高拱的“照顾”。这到底是怎么回事呢？

原来，高拱被骂走之后，没过多久，徐阶也被骂走了。为什么呢？很简单，因为明代文人政治的吵架习气。

我们一再说过，明代的政治环境是一种典型的文人政治，知识分子最大的特色其实和我们平头老百姓一样，喜欢斗嘴，喜欢吵架，连写个文章都讲究口诛笔伐——说好听点儿叫有批判精神，但你批判我，我批判你，最后往往都变成了吵架。

再加上明代有个特殊的言官制度，就是作为言官的知识分子，为了履行监督职责，可以越级言事，可以风闻言事，也就是他想骂谁就骂谁，骂错了都不用负责任。这一下，大家以骂人为常事，以弹劾为本领，文人之间的吵架习气就非常厉害了。

徐阶和高拱之间本来也没什么大仇，就是因为言官胡应嘉骂高拱，而高拱怀疑“小胡”是“老徐”指使的，所以才跟徐阶较上了劲儿，也让人来骂徐阶与“小胡”。可没骂得过——因为有海瑞这个骂神出场了嘛，所以高拱骂输了，辞职回家了。

高拱虽然走了，可他的势力还在——他毕竟是隆庆皇帝的老师，在内阁里也是实力仅次于徐阶的第二号人物，所以高拱虽然走了，但这场以骂架为主要形式的斗争并没有结束。亲高拱一派的言官还在不停地攻击徐阶。

后来，因为一个小的政策失误，有些言官对徐阶也加大了攻击力度。这时候徐阶已经老了，他在嘉靖朝跟严嵩斗了一辈子，在隆庆朝又被高拱当成了政治斗争的靶子，实在有些心力交瘁。这时候他也想开了，想要明哲保身。况且，他培养的政治接班人张居正也顺利地进入了内阁，并逐渐在政坛上凸显其卓越的领导能力，所以，他对自己的后路也挺放心的。于是，他在高拱辞职之后的几个月内，也交了一篇辞职报告，提前“内退”了。

徐阶走了之后，内阁里一位叫李春芳的老实人接替了徐阶的首辅位置。但内阁的实际权力却不在他手里。

在谁手里呢？大家可能想不到——在高拱手里！

怎么会在高拱手里呢？

道理很简单，徐阶走了之后，高拱又回来了！用《闪闪的红星》里那句经典的台词来说，就是——“我胡汉三又回来啦！”

徐阶辞职退休，那真的是年纪大了，不想干了。但高拱辞职回乡，只不过是权宜之计。

在徐阶辞职之后，高、徐两派官员之间的吵架也彻底尘埃落定，事儿也就算完了。这时候高拱走了内廷太监的关系，跟隆庆说自己还是想回来为朝廷作贡献。隆庆皇帝当然向着他亲爱的高老师，一听说高拱想回来，那没问题，立刻起复，还是回内阁，做了仅次于李春芳的第二号人物。

李春芳就是个老实人，而且还是个老好人，一贯奉行“和稀泥”原则，什么事也不表态。李春芳看隆庆向着他的老师，也就把内阁的大权交到了高拱的手上。

这时候，刚好出了一个问题，就是南方的赋税与流民问题。

江南本来是富庶之地，但万事有一利就有一弊，就是因为江南的农业生产比较发达，所以相比较其他地方，政府对它征收的赋税也就特别的重。自明太祖朱元璋以来就是这样，而且朱元璋嫌江南的百姓支持过张士诚和陈友谅，对南方的百姓尤其采取了报复性的重税政策，所以南方的百姓在交税上往往是不堪重负。

这一年，也就是隆庆三年（1569），江南刚好遇到天灾，水涝灾害非常严重，再加上大地主阶级的土地兼并，所以老百姓根本没法儿活。很多地方的百姓都流离失所，开始大逃亡。朝廷一看，这样发展下去怎么得了？而当地官员又处理不力，所以吏部就建议委派一位得力的官员到江南去。

要派一个能解决问题、敢于办事的官员，而不是一个只能混事儿的官员，这一下很多人就想到了海瑞，于是就有人提议让海瑞去。因为是要海瑞去解决问题的，所以就要赋予他很大的权力，人事部门的意见就是让海瑞做应天巡抚，统辖江南十府，这一下就是二三品的大员，比起他原来的职务可以算是越级提拔了。

对于这个人事任命，内阁首辅李春芳没有任何意见，内阁中其他的成员像徐阶的学生张居正这些人都没什么意见，但大家觉得这事儿还玄，为什么呢？因为，虽然海瑞名气大，大家也都觉得他能力强，但想来想去，有一个人肯定有意见——只要他有意见，海瑞这个任命就未必能成。这个人是谁呢？傻瓜都看得出来，当然就是高拱。

在徐阶与高拱的斗争中，海瑞站在徐阶一边，给了高拱致命的一骂，结果使得高拱千夫所指，最后甚至不得已“辞官躲骂”。现在他又掌握实权了，能同意越级提拔海瑞吗？

想想也不可能！

但我们想的不可能，是用我们的脑袋想的，不是用高拱的脑袋想的。人家是政治家，眼光自然跟我们不一样。高拱用他那聪明的脑袋想了想，居然对这个任命采取了完全欢迎与支持的态度。

于是，可以这么说，海瑞是在被他骂得狗血喷头的高拱的支持下，被越级提拔，成了主管江南十府的应天巡抚。

我们可能会非常奇怪，高拱的脑子是不是坏掉了？怎么可能任用自己的仇人呢？难道他如此宽宏大量、丝毫不计前嫌？

事实上，我们前面讲过，高拱这个人能力很强，人品也还不错，但就是肚量太小——要不是因为肚量小，他也不会跟一手提拔过他的徐阶掐起来了。高拱重用海瑞，并不是因为他肚量大，而是他看准了海瑞这个人！

海瑞这个人，我们知道，精神力量强大，道德观念强大，办起事来雷厉风行，行动力与执行力都很强大。这么说吧！他这个人，个人的“小宇宙”可以说极其强大，简直就是那个时代的超人。而且他还有一个特点，就是“做事不论成败，眼中只有是非”，即是非观念非常之强，不管你是什么人，只要你在是非观念上站到了海瑞的对立面，依海瑞的脾气，就是天王老子，他也敢惹你。嘉靖皇帝怎么样，还不是被海瑞臭骂了一顿，之后气得只活了一年就死了。这叫什么？这叫“舍得一身剐，敢把皇帝拉下马”！

所以，高拱正是看准了海瑞这种性格与个性，才并不阻挠海瑞的任命的。

那么，为什么海瑞的这种性格成了高拱不难为他的理由呢？这是因为海瑞要去的这个地方，正是高拱的对头、退了休的内阁首辅徐阶的老家。

海瑞去做应天巡抚，而且破天荒地管辖江南十府，像今天的江、浙、沪、皖大部分地区都在他的管辖范围之内，而老家在今天上海的徐阶也正好在海瑞的管辖范围内。

徐阶这个人，其他还不错，唯独有一点不好，就是对家人、子弟非常纵容。他的弟弟、儿子在江南搜刮民脂民膏，是江南最大的大地主，垄断田产达四十多万亩。海瑞平生最恨的就是这种人。

高拱看准了，只要海瑞到了江南，了解到徐家的情况，依他的脾气肯定还要跟徐阶掐起来。这样一来，让海瑞去做这个应天巡抚，既体现了他宽宏大度的一面，又为报复徐阶埋下了伏笔，真可谓是一箭双雕！

那么，海瑞会按高拱的想法去和徐阶作对吗？徐阶毕竟救过他的命，他也刚刚在徐高斗争中帮过徐阶的忙——他难道真的会跟徐阶斗起来吗？

吓坏了一众贪官

高拱想拿海瑞当枪使，他哪里知道，海瑞根本就是一门炮。

这话怎么说呢？那还得从海瑞新官上任说起。

海瑞是一心想为老百姓干实事的人，一听朝廷要他去解决江南的危机，立刻风风火火地就千里赶任去了。

海瑞这边还在赶路呢，可有关海瑞任江南十府巡抚的这个新闻立刻就在天下传开了。反应最强烈的地方，就是海瑞要上任的地方——南京。

因为海瑞的应天巡抚的官衙就设在南京。

南京在明代号称副都。北京是首都，它就是陪都，所以南京当时跟北京一样，也住满了高门大户，也就是有很多有权有势还有钱的人。平常这些豪门贵族那可都是飞扬跋扈惯了的，在地方上那都是自以为是的人物。但听说海瑞要到南京来上任，一下子全都乱了套了。

怎么乱套了呢？

根据《明史》的记载，说南京的地方豪强听说海瑞要来了：

属吏惮其威，墨者多自免去。有势家朱丹其门，闻瑞至，黝之。中人监织造者，为减舆从。（《明史·海瑞传》）

这段话是什么意思呢？是举了三个例子，用以说明海瑞的上任对南京当地影响之大。

一个例子是说当地那些横行不法、甚至有贪污腐败行为的官员，听说海瑞来了，想想自己的好日子要到头了，没等海瑞到，就辞官不做、辞职不干了。免得海瑞一到，新账老账一起算。

另一个例子是说当地的大地主们，平常住的都是豪宅，连家门口那门都刷成红颜色的——油光铮亮的，显示有钱嘛，所以杜甫有句诗说“朱门酒肉臭，路有冻死骨”——朱门就是指有钱人家的门。现在听说海瑞要来了，有钱的大地主家也不敢露富了，赶紧找人弄点儿墨水、脏水什么的泼到门上，再想办法把门面弄得旧一些，反正怎么寒碜怎么弄，绝不能显得有钱，要不给海瑞看到了，肯定没好日子过。

还有一个例子是说，负责江南织造的宦官，平常没人能管住他们——

连地方官也管不了他们，可听说海瑞要来了，也不由自主地收敛了很多，连平常乘轿的级别都自动降低了——平常坐八抬大轿的，减成四抬的——平常坐奥迪，都改成坐奥拓了。

这么说吧，有钱有权的，飞扬跋扈的，贪污腐败的，胡作非为的，反正只要是心里有鬼的，“身斜影子歪”的那些人，个个都把海瑞当成了瘟神一样。

这反过来说明，在老百姓心中，海瑞就是那镇邪的正义之神！所以，海瑞到南京上任，江南的老百姓都奔走相告，以为万幸。

不过，大家都以为海瑞上任之后要对当地的权贵豪强大开杀戒，他是海青天嘛！可海瑞真正到了南京之后，没过几天，就又离开了那里。

这又是怎么回事呢？

原来，海瑞一路微服私访，一路调查民情，到南京上任之前，在路上就对江南的山川地形、水涝灾害做了番调查研究。所以，他一上任，就确定了自己的第一步工作计划，这第一步出人意料，并不是打击豪强，而是兴修水利、疏浚河道。

海瑞从南京跑到苏州府，也就是现在无锡、苏州、上海一带，亲自坐镇主持吴淞江与白茆河的疏浚工作。

原来，海瑞也并不只是一个“喜欢摸老虎屁股”的人，他也可以算是一个经济学家。他经过调查研究，得出的结论是：江南水网纵横，水利不兴，河道不畅，才会导致涝灾的出现。水涝灾害一发，老百姓收成无望，自然会有流民与饥荒。所以，解决问题的关键，首先就是兴修水利。

有人说，不对啊，既然有流民与饥荒，海瑞到江南应该首先赈灾，应该首先开粮仓救济灾民啊！这才是一个仁慈的、有爱民之心的清官首先要做的事啊！况且兴修水利又不是一天两天的事儿，你就算疏通完河道，那被淹的田里也不能马上长出粮食来，那不还要饿死很多人嘛！

海瑞一路微服私访，一路调查民情，到南京上任之前，在路上，就对江南的山川地形、水涝灾害做了番调查研究。

郦波语录

只要你在是非观念上站到了海瑞的对立面，依海瑞的脾气，就是天王老子，他也敢惹你。嘉靖皇帝怎么样，还不是被海瑞臭骂了一顿，之后气得只活了一年就死了。这叫什么？这叫『舍得一身剐，敢把皇帝拉下马』！

这就要说到海瑞是一个出色的经济学家的地方了。海瑞的想法是——以工代赈。

他如果只是简单地开粮仓赈济灾民，并不能真正解决问题——因为灾民无数，给了一顿还要给十顿，给了十顿还要给百顿。海瑞是从送往北京的军粮里截下了赈灾的粮食，总数本来也不多，要只是这样简单地赈济，治标不治本啊！总有把救济粮吃完的那一天，到时候还是有水灾，还是有饥民，却不再有粮食，又该怎么办呢？

海瑞的眼光看得很远，他到江南来是解决问题而不是拖延问题的。所以，他决定疏浚河道，一方面彻底解决水涝灾害的问题，另一方面以工代赈，就是把流民聚集起来兴修水利，按劳动报酬分发救济粮，这从另一个角度说，也维护了那些流民的尊严。

这一下，江南的饥民都很欢迎，既可以领到救济粮，又可以除去水涝之患，也好早日还乡，重建家园。所以，海瑞登高一呼，四方响应，疏浚吴淞江与白茆河的工程立刻就启动了。

干部“变”肥猪

海瑞下江南，出乎所有人的预料，并没有一上来就打击江南的豪强地主，第一件事只是兴修水利。可这样一来，倒还有人不干了！那些不情愿的人，巧了，还正是江南的豪强地主。

江南的这些大地主大多数都不支持海瑞兴修水利，他们就找到了一个关键人物来劝海瑞，让他不要聚集流民来疏浚河道。他们以为这个关键人物的话，海瑞一定会听。

因为这个关键的人物，就是徐阶。

徐阶与海瑞的关系，如今已是世人皆知。先不说徐阶曾经救过海瑞的命，提拔过海瑞，就算是海瑞，也在徐阶与高拱的斗争中没事强出头，用一张“骂神”般的嘴彻底支持了徐阶。所以，江南的富豪都认为，海瑞谁的面子不给，也会给徐阶的面子。

一向谨慎的徐阶居然也是这样认为的。所以，他当仁不让，出面来劝海瑞，说以工代赈实不可取，流民大量聚集，要是万一出了什么乱子就不好了。

徐阶之所以肯出面劝海瑞不过两个原因。

首先，他觉得自己跟海瑞的关系不错：一来他救过海瑞，也提拔过他；二来海瑞后来对自己也不错，也帮过他，两个人的交情看上去还是水乳交融的。

其次，徐阶作为江南大地主的代表，也实在不愿意海瑞在江南兴修水利。因为这种事，按规矩，当地的大地主都得出钱、出粮认捐，就是都得出一份财力。他们哪管普通老百姓的死活？让他们出钱出粮，实在舍不得，这就叫为富不仁啊！

海瑞皱着眉头看完了徐阶劝他的信，只冷哼了一声，连信也没回，随后便决然地开始了疏浚河道的工程。

但是由于当地大地主的阻挠，工程开始进行得不太顺利，主要原因就是具体管理工程的官吏跟大地主们勾结起来，阳奉阴违“磨洋工”。海瑞了解到这个情况之后，眉头一皱，计上心来。

有一天，海瑞到工地上突击检查，并当场决定，把自己的临时行署设在一个离工地不远的地方。

然后，海瑞让人把两个负责工程的千户叫到自己的行署来，当面责问两人为何工程不力。

两人面面相觑，不知如何作答。

海瑞随即下令，把这两个不负责任的千户当场杀了，并且当场掩埋，就埋在自己行署的大帐里。

这一下，整个工程现场都轰动了！大家没想到海瑞这么狠，说杀就杀，而且一杀就是两个千户——在现代相当于正团级干部。所以，这一下子算是杀鸡儆猴，谁也不敢扯皮推诿了，谁也不敢不努力做事了。在海瑞亲自监督下，只用了一个多月，河道多年淤塞、江南水涝不断的情况就彻底改变了。

事实上，很多事做起来很简单，就看你愿不愿意去做、认不认真去做。海瑞用一个多月就疏浚了前任多少年都没有解决的河道淤塞问题，并一举解决了今天长江三角洲一带的水涝灾害的问题，说到底，还是因为他有别人不具备的做事的勇气与能力。

当时松江（也就是今天的上海）著名的戏曲理论家何良俊在他的书里评价说：

> 前年海刚峰来巡抚，遂一力开吴淞江。隆庆四年、五年皆有大水，不至病农，即开吴淞江之力也。非海公肯担当，安能了此一大事哉！（何良俊《四友斋丛说》卷十四）

也就是说，自从海瑞疏浚了河道之后，就没有水涝灾害了。

这件事其实也不难，但别人都做不成，只有海瑞能做得成，是因为他比别人“肯担当”，肯硬着头皮埋头苦干。世上无难事，只怕有心人！海瑞就是这样一个肯担当的有心人！

后来，据说工程结束之后，海瑞设在工地现场的行署也撤走了之后，当时就有人去看海瑞在帐中杀人的现场，发现现场果然有两个坟堆，跟大家传说中描述的一样。但当有人挖开坟堆一看，却发现埋在土里的根本不

是两个什么千户，而是两头大肥猪。这一下很多人都糊涂了，不是说海瑞当时杀的是两个千户吗？怎么又变成了猪了？难道这么快这两位都已经转世投胎了？

其实，这就是海瑞的聪明之处了——他根本没杀这两人！海瑞曾经当过大理寺的主审法官，最讲究依法行事，没有审判与量刑，他怎么会随便杀人呢？他这一招不过是瞒天过海之计，说是把两个千户斩立决，其实不过是杀鸡儆猴，震慑一下那些三心二意的官员。其实，他前面下令斩立决，后面杀的和埋的就换成猪了，而这两个千户他也让人悄悄地把人送到别的地方关起来了，一直等到工程结束，才把这两人放出来。（事见同治年间《上海县志》）

所以，海瑞做事固然雷厉风行、勇往直前，但他并不是个愣头青，也不是一个不懂得智谋与机变的人。

更大的挑战

海瑞做事其实非常用心，他的疏浚工程之所以能够进行得那么顺利、那么成功，而且还那么快，固然跟他的执行力有关，但也跟他做的前期工作有关。

比如，他了解到前任苏松巡按吕光洵也很重视水利，曾亲自考察吴淞江与白茆河一带，并绘制过详细的水文地图。但吕光洵不久就离职了，这幅水文地图就藏在苏州府中，一直也没人过问。海瑞成天泡在图书馆，还就给他找到了吕光洵的这幅重要的水文地图。后来，这幅水文地图就帮了他的大忙。

认真，只能把事情做对；用心，才能把事情做好。海瑞就是个既认真、别人都做不成，只有海瑞能做得成，是因为他比别人『肯担当』，肯硬着头皮埋头苦干。世上无难事，只怕有心人！

郦波语录

负责江南织造的宦官，平常是嚣张得没人能管得了——连地方官也管不了他们，可听说海瑞要来了，也不由自主地收敛了很多，连平常乘轿的级别都自动降低了——平常坐八抬大轿的，减成四抬的——平常坐奥迪，都改成坐奥拓了。

又用心的人，所以他做的事很难不成功。

海瑞初下江南，凭着聪明和智慧，用一招简单的“以工代赈”，一箭双雕，既解决了水患，又解决了流民问题，可以说极圆满地完成了朝廷给他的任务。江南百姓也因此对海瑞感恩戴德。这一下，海瑞立刻名震江南。

海瑞初到江南的时候，江南的豪强地主因为忌惮海瑞的雷霆手段，所以纷纷预谋，主张海瑞不发难则已，若在江南对豪强发难，大家则联合朝中御史，对其进行弹劾与攻击。海瑞开凿吴淞江、疏浚河道时，就有御史随时准备看他的笑话，等其失败时再落井下石，以图予以致命一击。但想不到，海瑞居然就有绝大的智慧，将别人眼中不可能完成的任务一一完成了。

事后，一位想弹劾海瑞的御史居然既感叹又无可奈何地说：“万世功，被他成了！”（梁云龙《刚峰海公行状》）

其实，兴修水利、疏浚河道只是海瑞在江南开“万世功”的一个序曲，他还有更伟大的设想、更高妙的绝招要拯救这个身陷颓世的王朝。

信有英雄擎天手，敢叫日月换新颜！海瑞的自信，来源于他无穷的智慧，更来自他执着的信念。

那么，海瑞到底要建怎样的“万世功”呢？面对江河日下的局面，他又会有怎样的救世智慧呢？而他敢叫日月换新颜的过程中，又会与江南的地主豪强们发生怎样激烈的冲突与碰撞呢？

第八章 一条鞭法

天灾之外，人祸更加可怕。因为农民总是天灾人祸的最后承受者，所以农民之苦，甚于黄连。

海瑞是一个伟大的人，不仅在于他有报国之志、忠君之心，更重要的是，作为一个封建官僚，他对农民有着常人难及的体谅、呵护与关爱。这体现在他对农民的疾苦既有着深切的体察，同时对改变农民的疾苦又有着绝大的智慧，因此他想立“万世功业”，而且，差一点儿就被他立成了……

农民之苦

在中国两千多年的封建社会中，最苦的，是农民。

一来，农民唯有靠耕种以维持生活，但纵观中国古代，农业科技毕竟相对落后，农业领域基本上谈不上拥有扩大再生产的生产方式。农民最熟悉的生活往往是“三十亩地一头牛，老婆孩子热炕头”，仅此便足矣。所以，农民常年辛苦耕作，一般只能保证温饱，却很难发家致富。若再碰上“十年九涝旱”的天灾，别说温饱，生存也是问题。

二来，封建社会各个统治阶层对农民的压榨与盘剥也最为沉重。中国古代是一个农业社会，农民构成了百姓的主体，也是政府赋税收取的主要对象。运气好的，碰上汉代的“文景之治”、唐代的“贞观之治”、明代的“仁宣之治”，政府以休养生息为主，农民尚能自给自足。但大多数运气不好，因为历史上总是昏君居多，苛捐杂税，官僚腐败，层层盘剥，种种不堪的重压，最终总是要落到农民的头上。天灾之外，人祸更加可怕。因为农民总是天灾人祸的最后承受者，所以农民之苦，甚于黄连。

海瑞是一个伟大的人，不仅在于他有报国之志、忠君之心，更重要的是，作为一个封建官僚，他对农民有着常人难及的体谅、呵护与关爱。

这体现在他对农民的疾苦既有着深切的体察，同时对改变农民的疾苦海瑞是一个伟大的人，不仅在于他有报国之志、忠君之心，更重要的是，作为一个封建官僚，他对农民有着常人难及的体谅、呵护与关爱。

郦波语录

海瑞在所辖应天十府的范围内全面推行『一条鞭法』，这是明代历史第一次大范围地推行有利于解决农民负担与国家财政危机的经济改革。这才是海瑞江南新政，真正要成就的『万世功业』。海瑞实在是一个出色的经济学家，可惜这一点往往不为后人所知。

又有着绝大的智慧，因此他想立“万世功业”，而且，差一点儿就被他立成了。

到底农民的疾苦苦到怎样的地步，我们还是先通过一户人家的遭遇来看个究竟。

赵家的悲剧

四百多年前，一个丰收的秋天，在江南松江府的华亭县有一个叫赵玉山的农民，面对着一派丰收景象却乐不起来。

为什么呢？因为他管不住自己牛脾气的儿子赵大柱。

赵大柱是赵玉山的独子，虽然是个南方人，但长得却像山东大汉，所以他外号叫“水牛”。赵大柱就跟他的外号一样，不仅壮得像头牛，脾气也犟得像头牛。现在大柱又犯犟了，他爹叫他低头认命，他还就偏不认这个邪。

那么，赵玉山到底要劝儿子低头认什么命呢？

原来啊，赵家世代农民，家里有几亩上好的水田，每年的收成还不错，赵玉山老伴去世了，儿子赵大柱娶了个媳妇洪阿兰，生了个女儿叫赵小兰，一家四口人就指着这几亩地过日子，倒也能凑合着过得去。

可今年虽然收成不错，但日子眼见着就过不下去了。那么，收成好了，日子为啥反倒过不下去了呢？

坏就坏在今年刚好是赵家他们这一甲的役年。

明代规定要均徭役，就是为政府当差做苦力的事儿，大家要均摊，这本身还是比较合理的。所以，每县把老百姓按户分为十甲，每年由一甲承担本县的一切徭役，这里头修河堤、筑路、解运漕粮、为驿站当苦力、当

马夫，甚至官府的各项临时差役等，只要是官府需要人手的时候，都得由这一甲来出人顶徭役。

那么，每一甲的人头怎么算呢？

很简单，农业社会嘛，当然以农业为本，也就是以各家所拥有的田亩数作为基本的衡量单位。但你说我家有田，可没男人咋办？总不能让女人去修河堤吧？

那没办法，轮到你们家，你就得出人，出不出来，你可以花钱雇人啊！反正你家有几亩地，轮到你，你就躲不了。

但还就有人躲得了。谁呢？势家大户。

明代规定有很多人可以享受徭役与赋税方面的优待政策，做官的，读书人，还有朝廷功臣，世袭爵位的贵族，反正官府认定了就可以。这样，当你的田多到一定程度了，多到能和官府勾结起来的程度了，你当然就可以以各种优待政策为幌子，或者打一些优待政策的擦边儿球，从而彻底逃避徭役了。

有钱有权的这些大地主可以逃避徭役，那么没钱没势的小老百姓怎么办呢？

小老百姓也有小老百姓的办法，那就是卖身投靠这些地方上有权势的大地主家。那位会说了，不至于吧，老百姓的素质不至于这么差吧！你家有田，该你家出的徭役你为啥要逃避呢？

其实，要光是徭役也好说，问题是比徭役更重的赋税。只要你家有田，每亩地要交多少粮，那都是有定数的。不管你收成好还是收成差，只要朝廷没有特旨，你就必须交满那个数，否则你就是谋反，就是叛民。

除了朝廷所收赋税的定额，各地还有自己的克扣，这种克扣名目可就多了去了。比如最有名的火耗，就是缴的银两再熔炼的时候说是有耗损，这个耗损的费用你得提前交了。交粮食的居然也有耗损，这个耗损来得比较有意思，叫“淋尖踢斛”。斛是量米的容器，老百姓交粮的时候，倒满一斛粮并不能算数，称量官上来要踢一脚，这洒出来的米那就算是损耗了。洒出来的就不算你交到国库的，而是要被各级官吏中饱私囊的。

所以，面对各种各样、花样百出、名目繁多的税种，任你守着几亩风水宝地，那赋税总是不够交的。

在这种繁重的苛捐杂税和徭役面前，很多小老百姓在走投无路的情况下都作出了一个很实际的选择——投靠势家大户，宁肯向这些大地主交租，也不向政府交税，而且因为有了势家大族的庇护，繁重的徭役也可以免了。

当然，这种投靠不只是说说的，关键是要把自家的地奉献出来，而且是要主动奉献出来，这在明代，叫作“投献”。投献过之后，地成了地主家的，而原来的农民就成了佃户。

问题是投献之后，这些地在官府的田亩记录上也成了呆账和坏账。原来的主人没了，地也就成了死地；既然成了死地，又如何交税呢？所以，拿了地的地主也可以隐瞒着不交。这下巨大的油水就流到地主那儿去了。当然，也不能全流到他那儿去——他也得给打点上上下下的官员，国家的蠹虫们就是这样的，大家一起贪，才贪得长久，才贪得保险。

要知道，土地是农业社会的根本，土地上的油水才是封建农业社会中最大的利益所在，所以看中这一生财之道后，大地主们在等待农户投献的同时，也利用各种手段逼着农户投献、卖身，这样土地就越来越集中在一些大地主阶级的手中，这就叫土地垄断、土地兼并。这种情况到了明代中后期，已经非常严重了。就以还算有些正直的徐阶为例，到了隆庆年间，他的几个儿子在老家松江府兼并的土地总数就达到了40万亩。

因为好多自耕农都成了大地主家的佃户，所以原来出徭役的人数也减少了。人少了，活儿不见少，农民的负担就更重了，再加上地主的欺诈逼迫，不断地有人去投献、卖身，从自耕农最终成了大地主家的佃户。这就是一个恶性循环，尤其是轮到哪一甲摊上役年，这一甲里投献、卖身的情况就尤其多。

现在轮到赵家这一甲出徭役了，赵玉山都60岁了，一把年纪还能出来折腾啥？所以赵家唯一的强劳力赵大柱就无论如何要去顶徭役。这一年，赵大柱已经顶过两回正役了，一次送漕粮，另一次修江堤，结果修江堤的时候给滚石磕着了腰，当时还吐了血，养了好几个月才好。现在眼见着又农忙了，结果县衙又派活儿下来了，说京城里有御史来，临时要几个役夫，赵大柱力气大，所以被征作轿夫，就是去给人家抬轿子，这叫作杂差。

赵大柱一听就火了，说凭什么又是我们家？今年我不都顶过两回正役了吗？

班头眼一瞪，说该你们这一甲出役夫，你啰唆什么？不出人，你们试试看！

说完掉头要走，赵玉山赶快出来打圆场，说软话。班头一看，脸色才稍稍好看了些，然后悄悄地对赵玉山说："其实，这都是徐三少爷的意思，谁叫你老赵头不识趣呢！"

送走了班头，赵玉山回头就劝儿子赵大柱，说这回咱们就低头认命算了，胳膊拧不过大腿，何必要较这个劲儿呢？

原来啊，这个"徐三少爷"就是我们前面提到过的徐阶的三儿子徐瑛，他是个纨绔子弟，仗着他老子的权势在松江府作威作福，算是松江府的一霸。他最喜欢干的事儿就是欺男霸女，侵占别人家的田产。他看中了赵家这几亩上好的水田，想法逼着赵家到他徐家投献，可赵大柱坚决不肯。

依着赵玉山，投献就投献算了，虽然说自己家这几亩田是好地，但毕竟也顶不住那么多的赋税和徭役。况且村里把地投献给徐家的人多了，不过就是名分上难听些，但日子不还照样过吗？咱种地的，管他名分干什么呢？所以他劝儿子投献算了。

可赵大柱坚决不肯，因为他知道这个徐瑛看中的根本不是他家的地，而是他的闺女赵小兰。赵小兰十四五岁了，有一次去给奶奶上坟，路上被徐瑛碰到，徐瑛就调戏了赵小兰，还说要赵小兰到徐家给他做小老婆，幸亏小兰的娘洪阿兰碰到，才把女儿救了出来。徐瑛当时就放狠话说，不仅要赵小兰的人，还要赵家的地，让赵家全家都给他当奴隶！

洪阿兰把这事儿告诉了赵大柱，但赵大柱没敢告诉赵玉山。现在老爹催着他到徐家投献，他只好把事情原原本本都说了。赵玉山听了之后，气得浑身发抖，对儿子说："你说得对，咱就是砸锅卖铁、流浪他乡，也不能到他徐家去投献！"

可眼前徐瑛安排下的刁难又该怎么办呢？

马上就是秋收农忙的时候，赵大柱那是家里的顶梁柱，他一走，这田里可怎么办呢？没办法了，赵玉山说不行就雇人顶这杂差吧。这又面临两个难题：一是雇谁？二是哪来雇人的钱呢？这时候快到农忙，谁家都缺人手啊！后来赵玉山没办法，雇了本村的一个泼皮无赖光棍儿汉刘三儿，这家伙一没家二没地，整天游手好闲、骗吃骗喝，就是个小流氓。但问题是他闲着没事干啊！所以，赵玉山就请他吃了顿饭，说现在没钱，等收了粮、卖了粮之后再给他三钱银子的劳务费，让他现在去顶这个轿夫的杂差。

刘三儿倒也爽快，让赵玉山打了张欠三钱银子的字据就去顶差了。

赵家这边儿忙活了个把月，终于盼来个好收成，粮是像叶圣陶先生写的那样——"多收了三五斗"，但到缴粮的时候赵大柱可傻眼了。

因为当年江南的张士诚拼死抵抗朱元璋，所以朱元璋建国后对江南就施以惩罚性赋税，别的地方一亩地只交三四升米，可江南要交到一石，甚至一石二三斗。赵大柱家一亩地算好的，也只打出两石多的米，这一下子交掉一石三斗米，剩得也就不多了，基本上也就够全家糊口的。可交粮的时候，那个称粮官上来对着大觥猛踹了一脚——不是有个“淋尖踢觥”嘛！但你踢踢也就算了，那也就出来一些米尖尖儿，可这一踹不得了，估计这家伙练过什么佛山无影脚，这个称赵家粮的觥一下就倒了，“哗”的一下米洒了一大半儿。

赵大柱不干，坚决要重称，否则就要拼命。称粮官叫来几个当差的，说赵大柱企图抗税，几个人抡着水火棍，把赵大柱打了个半死。赵大柱回到家就一病不起。这税粮被冤去了一半，赵家剩下的粮连糊口都不够了，哪还有多余的粮拿去卖了换钱呢？

那边刘三儿当完了轿夫拿着字据每天来要钱，赵玉山只能苦苦哀求再拖欠些日子。

可过了两天，刘三儿突然不来要钱了。赵玉山刚刚喘了口气，宝贝孙女赵小兰却突然失踪了。正在赵玉山快急疯了的时候，那个无赖刘三儿来了，他说他已经把赵家欠他的那三钱银子的债转给了徐家三少爷徐瑛，现在就是你们赵家欠徐家的债了。徐家三少爷正好路上碰到你家孙女赵小兰，向赵小兰讨债，赵小兰为了替父抵债，自愿到徐家当丫鬟去了。

赵玉山听了这话，感觉真是天塌地陷啊！这徐瑛光天化日，强抢民女，还编出这样的鬼话。他气得浑身发抖，还没说出话来，只听见里屋病床上的儿子大叫一声，赵玉山跟儿媳妇赶忙跑进去一看，原来赵大柱在里头早听到了这些话，急火攻心，一时间吐血而亡！

赵玉山满腔怒火，到华亭县县衙去告状，哪知道县令王明友早已被徐瑛买通，徐瑛反诬赵玉山。王明友拿了徐瑛的黑钱，当堂把赵玉山乱棍打死。赵家至此是家破人亡，人被徐瑛抢去，地也被徐家以欠债为由霸占了去。赵家就只剩一个儿媳洪阿兰，真是上天无路，下地无门！

就在这时，新任应天十府巡抚海瑞上任，走投无路的洪阿兰听人说海瑞海刚峰是名震天下的“海青天”，她本来也不再惧一死，便当街拦轿，跪在海瑞面前喊冤。

海瑞亲自询问冤情，又有一番明察暗访，了解实情后不由大为恼怒，发誓定要为赵家一门明冤。

海瑞下令，亲自重审此案。其间智斗徐阶，力擒徐瑛、王明友，终于落实了赵家的冤情，并解救了赵小兰。徐阶自恃有恩于海瑞，代子求情，并提出交田赎罪。

海瑞明言：“占田本当退，不只要退赵家一家，所占农户之田俱要退；犯法亦当诛，徐瑛与王明友互相勾结，枉法害命，却也不能法外施恩。”

徐阶看软的不行，只好来硬的。利用自己曾是前任内阁首辅的关系，唆使朝臣弹劾海瑞，并贿赂内廷太监罢去海瑞之职，以海瑞宿敌戴凤翔代替应天巡抚一职。

海瑞临危不惧，屹立不倒，在交印之前，还是硬气地铡掉了徐瑛与王明友，为赵家、为松江府的百姓出了口恶气。

海瑞真不失为青天本色——为民鸣冤，不惜罢官！

可那个时代，又有多少类似赵家的悲剧，正在无情地上演？海瑞虽是清官，又岂能平尽天下的冤案！

出色的经济学家

说到这儿，很多年纪大的、喜欢京剧的朋友可能已经想起来了，你说的这不是马连良先生的一出戏吗？

一点儿不假，这就是著名史学家吴晗主笔、京剧大师马连良主演的那

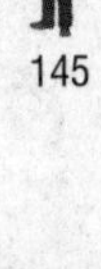

出名剧《海瑞罢官》。

大概很多没看过京剧的人也知道这出《海瑞罢官》，它基本上可以说是那场十年浩劫的导火索。我们在这儿重温这出《海瑞罢官》的故事，不仅是要对伟大的史学家吴晗和伟大的京剧大师马连良表达景仰之情，更重要的是吴晗的这个故事深刻揭露了明代中后期农民的悲惨生活。在这个悲惨的故事里，吴晗先生重点是从赵大柱死后开始写起的，重点写的是清官海瑞如何为民除害。而我们重点重温的则是赵大柱之死的过程，以求在其中看出当时农民所受的深重压迫。

当然，可能当时的松江府，也就是今天的上海，并不一定真有赵玉山、赵大柱其人，但当时有千千万万的农民经受着赵玉山、赵大柱这样的沉重压迫和悲惨生活，那倒是千真万确的。明代这一时期的土地兼并之严重，苛捐杂税、徭役差役之沉重，已经到了阶级矛盾要总爆发的边缘，所以这时候南方和西南的农民起义已经成了朝廷的心腹大患。

对这一现实看得最清楚的，在当时首推海瑞。

所以，海瑞到江南上任，心中最重要的使命，也是他最想完成的“万世功业”，就是拯黎民于水火，救江南的农民百姓于苦难的深渊。

他先是以工代赈，兴修水利，疏浚河道，开凿吴淞河，解决了江南水患的燃眉之急。但这只是治标之举，并非解决农民苦难生活的治本之法。

那么，海瑞运用绝大智慧想出的治本之法又是什么呢？

答案很有名，也很简单，就是“一条鞭法”。

海瑞实在是一个出色的经济学家，可惜这一点往往不为后人所知。

他当年在浙江淳安任县令时，别人只知道他破无数奇案，以至于成就了“海青天”的美名；别人只知道他勇斗胡宗宪，智斗鄢懋卿，以至于成就了“强项令”的美名，却不知道海瑞更多的精力却放到了对一项经济改革的潜心研究上。

徐阶看软的不行，只好来硬的。利用自己曾是前任内阁首辅的关系，唆使朝臣弹劾海瑞，并贿赂内廷太监罢去海瑞之职。

郦波语录

海瑞取消了告状必须有状词这一关，让老百姓可以直接到衙门口告状，由衙门专门派人替农民誊写状词，然后由衙门誊写的状词作为起诉状，这就具有现代的公诉人制度的特点了。

当时巡按御史庞尚鹏坐镇浙江，在数县之内试行赋役制度的改革，虽然淳安并不是试验县，可海瑞了解之后，便对庞尚鹏这种名为“一条编法”的赋役新法产生了极大的兴趣。他不仅学习揣摩，还亲自到别的县取经求教，发现这种名曰“一条编法”的新法实在是经济改革的一大良法，不仅可以增强国力，还可以彻底改变农民的苦难生活。

那么，这个“一条编法”到底有什么神奇的地方呢？而它后来，为什么又被称为“一条鞭法”呢？

从赵大柱家的故事我们已经知道，明代乃至明代以前很长一段时期，赋税是分为田赋与徭役两部分的。田赋主要以米、麦、布、绢等实物为主，徭役则是以人丁为单位施行“均徭役”。后来，豪强地主侵田避徭，致使农民的负担日渐沉重。

对于这种田赋与徭役，海瑞认为：

钱粮正供有额，独均徭官自为私，时有增益，且不如例证银包，当人指名，历阶不改，剥民为毒。(《海忠介公全集》卷七)

也就是说，田赋固然沉重，但徭役制度对农户的侵害更为惨烈，因为上下其手，官商勾结，更利于利用徭役之法来盘剥农户。这也是赵家之所以被逼到家破人亡的关键。

对此，海瑞吸取庞尚鹏“一条编法”的经验，在应天十府下令强推新法：

均徭银力二差，近日题准总一条鞭，概编银。不得而为补偏救弊之法，一时良法也。(《海忠介公全集·督抚条约》)

可以看出，正是在海瑞推行新法的过程中，原来的“一条编”被海瑞称作了“一条鞭”。

“一条鞭法”的实质是简化税收方式的赋税改革，主要精神是既简化赋种，又简化税收方式，这样可以使政府赋税简单透明，杜绝行政黑暗。另外，由实物赋税和均徭杂役改为统一由交纳白银的方式来交税，则大大地突出并释放了白银的货币功能，从而刺激了社会经济生活的活跃。

因为其精神是将种赋税徭役整编为一种，所以原名为“一条编”，通行的说法是在传播的过程中，因同音讹误，才写作了“一条鞭”。只是我们从海瑞撰写的政令文告中已经可以看出，他既明“条编”之实，就已经称其为“条鞭”之法了。

海瑞在所辖应天十府的范围内全面推行“一条鞭法”，这是明代历史第一次大范围地推行有利于解决农民负担与国家财政危机的经济改革。这才是海瑞江南新政，真正要成就的“万世功业”。而后来张居正万历新政，在全国范围内推行“一条鞭法”，也正是海瑞在江南试行的基础上，才得以彻底推广的。从历史发展与历史影响来看，海瑞不愧于一个经济学家的称号。

把吃的给我吐出来

海瑞要试行“一条鞭法”的经济改革，有个前提条件，即清丈田亩——也就是要把隐藏在大地主阶级手中的大量土地清查出来，并还给农民，让农民有地可种，有家可守，这样，社会经济才可能进入一个良性的循环。这样一来，海瑞终于在兴修水利之后，把斗争的矛头指向了江南的大地主。

江南大地主的代表是谁啊？徐阶！这样一来，海瑞斗争的矛头就指向了徐阶。

从表面上来看，好像海瑞中了高拱的套，高拱算准了海瑞到了江南，依他的脾气肯定要跟徐阶掐起来。其实高拱只是以小人之心度君子之腹，只是以权术之心度海瑞之腹。海瑞是跟徐阶掐了起来，但海瑞并不是因为自己的脾气和性格才与徐阶产生冲突的，他是因为自己的改革眼光、经济思想才不得不与徐阶开战的。如果说，张居正是整个明代最伟大的改革家，那么在张居正之前，在局部区域内，最突出的改革家就是海瑞。

海瑞出重拳，一方面打击与豪强地主勾结在一起的腐败官僚，使得江南官场为之一清；另一方面就直接逼江南的大地主把侵占农民的土地给退出来。当然，这个逼地主退地，也不是蛮不讲理地硬逼，海瑞还是非常讲究斗争的艺术的。这就要提海瑞当年干过的最有名的、也是最为当时官场中很多人所“不齿”的事了。

什么事呢？鼓励告状！

当时在江南流行一句话，叫“种肥田不如告瘦状”（《丘海二公文集合编·被论自陈不职疏》），是说当时有田的地主还不如告状的流民容易致富，为什么呢？是因为海瑞鼓励流民告状，而且一告状，这官司准赢——一赢就能从地主那儿拿回地来，这一下就发家致富了，所以叫“种肥田不如告瘦状”。

当然，这话只是反对海瑞改革的人颠倒黑白、污蔑海瑞的话，但也客观表现了当时海瑞的斗争艺术。他改革民法的诉讼程序，规定告状不需要再写状词。

古代告状必须先写状词，一般农民谁也不会写状词，写状词就要经过状师、讼师这一关，也就是古代的律师。这些律师都跟大地主有勾结，所以当时称之为“刁讼”。农民不识字，找他们替自己打官司，简直就是与

虎谋皮，最后反而都被这些黑律师给陷害了，所以越告越穷，越告越破产，以致当时的农民都不敢到衙门告状。

现在海瑞取消了告状必须有状词这一关，让老百姓可以直接到衙门口告状，由衙门专门派人替农民撰写状词，然后以衙门撰写的状词作为起诉状，这就具有现代的公诉人制度的特点了。这一下，江南的农民纷纷到衙门来告状，主要告的就是大地主如何侵吞、盘剥自己家的土地。像苏州府的华亭一县，也就是今天的上海，来县衙告地主盘剥土地的农户一下子就有上万户，其中大概就有个女子叫洪阿兰，她告的人就是当时华亭县最大的地主、徐阶的三儿子徐瑛。

原来，洪阿兰的状是在海瑞的鼓励下才告出来的。

可能海瑞勇斗徐阶，确实并非像吴晗先生写的《海瑞罢官》里一样，但他敢于直面徐阶的权势，敢于直面徐阶当年对自己的恩情，并据理为百姓力争，这却是实有其事的。

但徐阶毕竟树大根深，又是刚刚退了休的前任内阁首辅，从中央到地方，从内阁到宦官系统，到处都是他的学生、他的部旧、他的盟友，海瑞虽然不畏强权，但要想斗倒徐阶还真是不太容易。

这时候，有一个关键的人物帮了海瑞，他就是当时苏州府知府蔡国熙。因为华亭县隶属苏州府，而新上任的知府蔡国熙全力支持海瑞的由诉讼而整治土地兼并的行动，最终把徐阶的两个儿子下狱判刑，最后发配充军，另外把徐阶的三儿子也罢职为民，还把徐家一贯为虎作伥的数千奴仆几乎全部遣散，只留了不到十分之一来替徐阶装装门面。

最关键的是，在蔡国熙的帮助下，海瑞终于硬逼着徐阶把40万亩的良田退出来一半交还给江南的农民。

蔡国熙为什么这么帮着海瑞呢？道理很简单，一方面蔡国熙这个人也还比较正直；另一方面更关键，他是高拱的学生，是高拱派来支持海瑞的一颗重要的棋子。

所以，在蔡国熙的明助之下，也是在高拱的暗助之下，海瑞终于扳倒了徐阶这个江南大地主阶级的“带头大哥”。徐阶一倒，江南的大地主们纷纷卸甲投降，很多人都主动把侵吞的农民的土地退了出来。

海瑞江南新政大获全胜，一时间不仅名震江南，更是名震天下！

可我们知道，高拱之所以暗助海瑞，是因为他要报复徐阶，只是把海瑞当枪使，可海瑞在扳倒了徐阶之后，再接再厉，雷厉风行地开始搞他的经济改革运动，这一下可就触犯了大地主阶级的根本利益了。到了这一步，那就不是高拱愿意看到的了。

而徐阶我们也知道，毕竟是前任内阁首辅，所谓瘦死的骆驼比马大，百足之虫，还死而不僵呢，他就这么眼睁睁地看着自己被海瑞逼到绝境吗？

江南的这些大地主看着海瑞只帮农民打官司，认定了海瑞有着强烈的仇富心理，他们就甘心束手被擒吗？

所以，一场恶势力的反扑转眼就到了海瑞的面前！

可海瑞是什么人呢？他就是个遇强更强、百折不挠的斗士，哪怕前面是万丈悬崖，哪怕前面是地雷阵，他也会勇往直前。我想，海瑞要是读过高尔基的那篇《海燕》，他一定会喜欢那句——“让暴风雨来得更猛烈些吧！”

那么，海瑞在猛烈的暴风雨面前，到底又会有什么惊人之举呢？

第九章 蛰居十六载

海瑞在江南疏浚河道，推行“一条鞭法”，整治官场腐败，整治大地主的土地兼并，这股势头越来越猛，这把改革的火也烧得越来越旺。这一下，海瑞大得民心，却也“大失官心”。

怎么说呢？也就是不论是江南的官员，还是朝中的大员，都不由自主、不约而同把海瑞当成了危险分子……

得民心不得官心

公元1570年，也就是大明王朝隆庆四年的一个寒冬的夜晚，在南京应天巡抚的抚衙里，有一个穿着打补丁的便服的人，正在忽闪忽闪的烛光下怒目圆睁、奋笔疾书。

这个人就是上任才九个月就已经兴修了水利、除掉了水患、斗倒了徐阶、施行了“一条鞭法”、为百姓平了无数冤狱的应天巡抚海瑞海刚峰。

海瑞在江南十府大刀阔斧地施行改革，这时候已经不只是名震江南，更是因为江南新政而名震天下了。可他为什么要在深夜一边奋笔疾书还一边怒火中烧呢？

说起来，海瑞这篇文章是越写越气，也越写越难过，因为他一辈子都没写过这种憋屈的文章。海瑞以前常写的文章，其实我们讲过，除了公文之外，都是酣畅淋漓的批判文章。要么是嘲笑总督大人的，要么是嘲笑钦差大人的，要么是骂内阁大臣的，要么是直接骂皇上的。那真叫一个“铁肩担道义，辣手著文章”！那种文章写起来多过瘾啊！

可现在这篇文章写得，海瑞那感觉，真叫一个憋屈，因为这是一篇为自己的清白辩解的文章。

我们知道，“辩解就是解释，解释就像是掩饰，掩饰就像是实有其

在南京的
应天巡抚的抚
衙里，有一个
穿着打补丁的
便服的人，
正在忽闪忽闪
的烛光下怒目
圆睁、奋笔疾书。

郦波语录

「辩解就是解释，解释就像是掩饰，掩饰就像是实有其事」，所以依着海瑞那种『海刚峰』的性格，他写这种文章，心里当然憋屈得很。

事”，所以依着海瑞那种“海刚峰”的性格，他写这种文章，心里当然憋屈得很。

那么，海瑞到底要为什么事情解释呢？

原来，海瑞在江南疏浚河道，推行“一条鞭法”，整治官场腐败，整治大地主的土地兼并，这股势头越来越猛，这把改革的火也烧得越来越旺。这一下，海瑞大得民心，却也“大失官心”。

怎么说呢？也就是不论是江南的官员，还是朝中的大员，都不由自主、不约而同把海瑞当成了危险分子。

江南当地的官员不用说，他们本来就是当地大地主阶级的保护伞，正是海瑞“严打”的对象。所以，当时江南十府有很多官员受到海瑞的严惩与处罚，怀恨在心。而像徐阶这样的人，虽然被海瑞斗趴下了，但他毕竟是前任内阁首辅，也就相当于前任宰相，那是百足之虫死而不僵啊！所以他非常不甘心，不仅写信给自己的学生、这时候已经是内阁中重要成员的张居正，让他警告海瑞不要太过分，后来还直接联系内廷的宦官，希望借助宦官的力量，把海瑞从应天巡抚的任上给扒拉下来。

这时候内阁中决定人事权的高拱对海瑞的态度也有很大的变化。

从本质上来说，高拱是根本就不喜欢海瑞的——当年要不是海瑞跳出来骂他，他也不会辞职回乡，以至于平生第一次告别官场。后来，他复职后，之所以不阻挠海瑞担任这个应天巡抚，就是希望借海瑞之手报复他曾经最大的仇人徐阶。为此，他还特意派自己的学生蔡国熙去做苏州知府，让蔡国熙帮着海瑞去整徐阶。现在徐家被逼得也算家破人亡了，天下人也有不少人议论高拱就是幕后黑手，所以他看看差不多了，也就想收手了。

高拱想收手，只是出于个人恩怨。海瑞在斗倒徐阶之后却并不愿收手，那是出于他要拯救黎民于水火的一腔报国心愿。

徐阶只是江南大地主的一个代表，斗倒了他只是为施行“一条鞭法”扫清了最大一个障碍。进行以“清丈田亩”和“一条鞭法”为核心的经济改革，才是海瑞真正的目标。这样一来，他就不能只斗倒一个徐阶了事，他还要再接再厉，要接着斗倒千千万万个徐阶，要拿江南所有的大地主开刀。这样一来，高拱也不愿放任海瑞干下去了。

所以，在官场里里外外的合力之下，很多人都开始视海瑞为眼中钉、肉中刺，于是，官场上一场针对海瑞的暴风雨，也就立刻开始发难了。这就是海瑞“得民心却不得官心”的残酷现实！

先是有官员不断上疏建议，认为海瑞不适合在江南任职。当然，一开始这些上疏只是认为海瑞不适合应天巡抚这个岗位，对海瑞的人品大家还是没话说的。比如，一个叫舒化的给事中说海瑞在嘉靖年间以风骨、节气著称于世，不失为一位耿直之臣，但缺点在于太不通人情世故，所以他在江南定的规矩都是跟官场的习惯相违背的，这就有点儿作秀的嫌疑了，建议另外选个清闲的虚职给海瑞，不要让他担任应天巡抚这样重要的实职，这样一来，舒化说“以全地方，亦所以全瑞”(《明史·海瑞传》)。也就是说，这样既成全了海瑞的名声，更还地方上以安静，省得江南当地闹腾个不行。

对于这些议论，海瑞还能不闻不问，但紧接着下来，一封比较恶毒的弹劾表章，海瑞就不能无视了。

看海瑞在江南岿然不动，徐阶非常恼火，在运用多种手段的同时，还花了钱让京城里的言官加大对海瑞的攻击力度。这时候，有一个叫戴凤翔的御史就跳了出来。他攻击海瑞的话十分恶毒，以至于海瑞不得不在看到这篇表章的通报后，于这样一个寒冬的夜晚愤然写这篇上奏给朝廷申辩的表章。

海瑞在这篇申辩的文章里提到戴凤翔攻击他的几条罪状。其中最重要的是三条。

一是说海瑞“庇奸民，鱼肉缙绅，沽名乱政”（《丘海二公文集合编·被论自陈不职疏》）。意思是说，海瑞庇护的都是那些没有文化的流民与奸民，也就是所谓刁滑的平头老百姓，而鱼肉的、压榨的却是地方上缙绅，这实在有悖于常态，而海瑞之所以会这么做，纯粹就是为了作秀，纯粹就是要炒作，要获取一个好名声罢了。

海瑞对戴凤翔的这个指责简直觉得可笑。海瑞在申辩的表章里说，从孔子以来就说“苛政猛于虎”，到底谁是虎？而谁又是被鱼肉的人呢？从古到今，都是腐败的官僚们庇护地方上有钱有势的大地主，也就是那些所谓的缙绅们，他们总是狼狈为奸、沆瀣一气地勾搭在一起，来鱼肉百姓。所以，向来都是贪官是虎，与贪官勾结的大地主是虎，而无权无势的农民、老百姓才是被鱼肉的人。而你戴凤翔居然说我海瑞是勾结百姓来鱼肉缙绅、鱼肉那些大地主，这真是荒唐可笑之至，穷凶极恶到连常识都不顾了。

戴凤翔攻击海瑞的第二条罪状是说他有谋杀嫌疑。说就在七个月前，海瑞的一妻一妾在同一个晚上接连死在家里，这实在太蹊跷了！两个人怎么可能同一晚都死了呢？八成海瑞发疯，杀了自己的妻妾。

这一条罪状海瑞那是非得辩解不可了，他要是沉默的话，就等于认了谋杀罪。所以，海瑞说戴凤翔纯属栽赃，妻妾俱亡不假，但纯属偶然。妾死于七月十三日夜，是因为跟家人拌了嘴，一点儿小事想不开上吊自缢而死的；而妻死于七月二十四日夜，是因为多年的积病病死的，根本没有在同一晚离奇死亡这一说。

戴凤翔攻击海瑞的第三个重要罪状是说海瑞“连结倭寇，攻陷城池，誓血为盟，劫库斩关，行旅不通，烟火断绝”（《丘海二公文集合编·被论自陈不职疏》）。

戴凤翔这个赃可栽得够毒的，他说海瑞勾结倭寇，以致江浙一带有倭寇横行，对地方治安造成巨大混乱。这个罪名就更大了，等于是说海瑞不仅犯有谋杀罪，还犯有叛国罪。这也是海瑞必须进行明确申辩的最关键原因。

对于这种莫须有的栽赃，海瑞简直就是出离愤怒了。他一生为国为民，可谓是殚精竭虑、视死如归、鞠躬尽瘁、死而后已，不要说他不会做一丁点儿不利于国家和民族的事儿，就算是他当年在浙江当小小的县令，也亲自试行过保甲制度，训练民兵，抵抗倭寇，以至于他管理的地方倭寇从来都不敢去。现在因为他管辖的地方太大了，偶尔还有倭寇之乱出现也是难免的，但这要算是他海瑞勾结倭寇，那简直比窦娥还要冤啊！

当然，天下人都知道海瑞是个什么样的人，所以对于戴凤翔的这种栽赃，也根本不会有人听。可海瑞自己却气得不行，他不仅连夜给朝廷上了申辩的表章，还分别给当时主政的几位内阁大臣写了信。比如，当时的内阁里两个实力派人物高拱与张居正，他都分别写了信，表明自己的心迹，表明自己为国为民的拳拳之心。

可不论是申辩的表章，还是给高拱、张居正的信后来都石沉大海。虽然大家都知道戴凤翔是在栽赃海瑞，可高拱主管的吏部还是建议免去海瑞应天巡抚的职位，改任总督南京粮储都御史，也就是改任主管粮食工作的后勤部部长。

对于这个新的任命，海瑞虽然憋了一肚子的火，但他还是忍下来了！因为他觉得当什么官不重要，只要能为百姓作贡献，只要能把他的“一条鞭法”推行下去，个人受点儿气也没什么。而这个粮储都御史也还是可以在经济改革上做出成绩来的，所以他就准备着到新的工作岗位上上任了。

可新的工作任命还没下来，海瑞又看到了一份有关他的新的政府通报，主管吏部工作的高拱认为南京已有户部尚书，本来就可以兼管粮储，所以建议把海瑞即将上任的这个南京粮储都御史的职位裁革掉，也就是没必要设这个职位。

那边海瑞已经被免掉了应天巡抚的职务，这边刚任命的岗位又被取消了，这明摆着就是刁难海瑞嘛！你看，高拱报仇，十年不晚，海瑞当年对他的“一骂之仇”，他终究还是要报的。

身在南京的海瑞一怒之下，又一次在一个寒冷的冬夜里奋笔疾书，这一次他不再申辩了——因为他从来就不是一个逆来顺受的人。这一次他奋笔疾书的是他的辞职报告。

海瑞在这篇辞职报告里痛斥官场官官相护的恶习，一针见血地指出这样的朝廷几乎是没有希望的朝廷！最后，他还颇为辛辣地说了句名言，他说：“举朝之士，皆妇人也。”（《丘海二公文集合编·告养病疏》）也就是说，朝廷上上下下，这些所谓的士大夫，都没有肯担当的男儿本色，都算不上是真正的男子汉大丈夫！

据明人周晖的《金陵琐事》记载，当时还是内阁首辅的那位老实人李春芳，在看到海瑞的这句话之后，心里也不是滋味，虽然说高拱掌握着实权，但他李春芳毕竟是内阁首辅，却不能主持正义。据说，他下班路上正好碰到一个老同学，李春芳就跟他那个老同学说：“我刚才看到海瑞的奏疏，他居然说举朝柔懦，皆为妇人，这么说，我岂不是个老太婆了！真惶恐啊！真惶恐啊！”

结果他那个老同学劈头来了句：“知道惶恐，总还算有点儿丈夫气罢！”

李春芳听了这话之后，再也不说什么，反正心里很不舒服，回到家就气病了。然后没过多久，也辞职回家了，索性把内阁首辅的位置留给了虎视眈眈的高拱。

改革派也不重用他

徐阶和高拱，不可谓不是仇敌，但也正是这一对仇敌，终于合力赶走了海瑞。隆庆四年（1570）的四月，海瑞的辞职报告获批。然后，他收拾行囊，终于生平第一次要离开官场了。

南京的缙绅们，也就是那些平常鱼肉百姓、后来又觉得自己被海瑞“鱼肉”了的地主们，听说了“海瑞罢官”的消息，都额手称庆，说这个“海笔架”总算要滚回他的海南岛去了。但海瑞离开南京这一天，这些所谓的权贵豪门大地主，谁也不敢来瞧海瑞的热闹，生怕被海瑞瞪一眼，那晚上睡觉可都不踏实。

和这些地主的反应相反，应天府的百姓听说“海瑞罢官”的消息，那可谓是倾城而出，都哭着来送海瑞。很多南京当地的百姓，都争着要瞧上海瑞一眼，见上海瑞一面。

这说起来也比较有意思，达官贵人都怕见海瑞，都说见了他怕要折寿。可老百姓都想见海瑞，都说见过海瑞就能保平安，就能长寿。明人的笔记里就有多处记载说，海瑞在应天巡抚任上帮老百姓打官司的时候，每天都有很多人拥到他的衙门口来，很多人不是为了打官司来的，而是为了看海瑞一眼来的，因为当时民间流传说：“看上一眼海青天，能保一世之平安！”

现在海瑞要走了，南京城简直就是万人空巷，大家都来送别这位保一方百姓平安的海青天。后来，海瑞走了之后，南京城就兴起了一个新习俗，老百姓家家供海瑞的画像。虽然他还活得好好的，但老百姓过年的时候都要拜他，也就是说，百姓已经开始把他当成能够辟邪镇妖的神来看待了。这就叫“公道自在人心，功绩自在民心”啊！

海瑞泪别应天府的乡亲父老，但他并不认为自己这一去就是彻底地告应天府的百姓听说了「海瑞罢官」的消息，那可谓是倾城而出，都哭着来送海瑞。

郦波语录

海瑞襟怀磊落，虽然在故乡的山水中孤独而寂寞地生活着，但心中的报国之志却始终不能平息。他坚信，他的生命是属于社稷的，是属于国家的，是属于百姓的。即便有16年的闲置岁月，也不能改变他这种信念。

老还乡了，他相信自己这一回只是短暂地回乡休整一下，大明王朝离不了他海瑞，他海瑞也离不了大明王朝，过不了多久，朝廷还会让他回来为百姓干事的！所以，他满心期待着随时能回来为人民服务，可这一期待，这一等待，就是整整16年。

那么，是什么原因让海瑞一等就等了16年呢？

这个原因也可以说是明史上的一段著名的公案，也就是张居正与海瑞的关系问题。

我们知道，高拱是隆庆皇帝的老师，终隆庆一朝，他的政治地位是很难动摇的，所以连徐阶最终也没斗得过他。可隆庆六年（1572），隆庆皇帝驾崩之后，高拱的政治生涯也就结束了。新皇帝，也就是10岁的万历皇帝登基之后，高拱被罢职还乡，而万历的老师张居正成为内阁首辅大臣。在张居正的主政下，随即便开始了一场历时10年的史称“张居正变法”的改革运动。

在这场运动中，常被人提及的就是海瑞的问题，或者说张居正为什么不用海瑞的问题。

一来张居正要改革，正是用人之际，像海瑞这样的人才怎么能不用呢？

二来张居正要改革，要肃清官僚队伍，海瑞这样的大清官、“道德完人”，正应该是极力打造的榜样，怎么可以不用呢？

三来张居正改革也是遵循“一个中心、两个基本点”的思路，也就是以经济改革为中心，以官僚体制改革和国防建设为两个基本点。这个经济改革的中心就是以推行“一条鞭法”为核心的。而在此前试行过“一条鞭法”的官员中，就以海瑞最有经验，张居正怎能弃海瑞不用呢？

四来张居正推行改革，在内、在外有几个重要的帮手与心腹，在外是戚继光、谭纶、李成梁，帮他守稳大明江山，为改革提供了一个稳定的发展环境。在内，张居正最重要的心腹一个是后来的吏部尚书王国光，另一个就是后来的刑部尚书兼左副都御史朱衡。如果说前面的那些名字我们不熟，可最后的这位，也就是朱衡这个名字我们应该很熟——因为我们已经多次提到他了，他就是海瑞命里的贵人，就是那个在海瑞每一次遇到麻烦时不顾一切来搭救他并屡次提拔他的人，也是海瑞自己在文集里多次提到的平生最重要的老师与知己。如果说海瑞是朱衡的人，而朱衡又是张居正的心腹，那么张居正有什么理由不用海瑞呢？

所以，不论怎么看，张居正执政的10年，都没理由让海瑞这样的人才在家一直闲居。再说，海瑞既不是陶渊明，又不是一个隐居分子，又不是不想出来做事，他一直在怀着殷切的期望要出来为百姓干点儿事，张居正为什么就是让一腔热情的海瑞一等就是16年呢？

有一种说法说是因为徐阶。因为海瑞在江南与徐阶斗法，要徐阶退出霸占农民的良田，而徐阶这时候请自己的学生张居正代为说情。张居正也确实给海瑞写了信，让他不要为难自己敬爱的徐老师，可海瑞就是没领这个情，还是把徐阶搞得很狼狈。所以，张居正对海瑞一直有看法。

但事实上，这种说法还是太牵强了，张居正毕竟是被国学大师梁启超先生称为“明代唯一一个政治家”的人，虽然他的心机很深，但作为一个政治家，这点儿肚量也还是应该有的，也就是说，他不会因为徐阶的问题就舍海瑞这样的人才不用。

那么，到底是什么原因使得张居正就是没用海瑞呢？

首先，还是有私人的原因的。这就要说到海瑞回到海南老家后的“半隐居”生活了。之所以说他是“半隐居”，是因为他的物质状态确实是隐居的，但他的精神状态却跟隐居一点儿也搭不上关系。

海瑞回乡之后，生活很朴素，跟他做官的时候一样，还是一样的俭朴。这时候，他的母亲也去世了。他自己守着祖传的几亩地，自耕自种，自给自足，仿佛就是陶渊明式的田园生活。但同时他对国家的政治生活又是一如既往地关心与关注。比如说，他虽然罢职回乡了，只是一介平民了，但还是经常写信给当地的知县，指导他们的工作，免费传授自己的工作经验。

后来，在张居正当政后，有一年要科举考试，正好张居正的大儿子张敬修这一年也参加考试。在考试前，远在海南的海瑞就给当年的主考官吕调阳写了封公开信，说“谅公以公道自持，必不以私徇太岳”（《海瑞集·与吕调阳书》）。这句话的意思是说，你吕调阳总该知道考试是要讲究公正、公平、公开的吧，你千万不能包庇张居正他儿子啊！

你说，人家还没考呢，你就说这样的话，你让人家怎么考啊？你这不是影响考生的考前心理吗？你也影响主考官的阅卷心理啊！

反正海瑞这几句话很厉害，弄得当时天下皆知。结果考完一发榜，张居正的儿子果然名落孙山。张居正为此非常恼火，甚至迁怒于当时考上的考生，按规定本来要从优秀的考生里选拔翰林院的庶吉士，也就是选拔国家后备人才的干部精英，但张居正实在生气，这一年什么后备人才也不选拔了，直接下令取消。而海瑞这个“事不关己，件件揽起”“以天下为己任”的举动更是让张居正非常恼火。据说，这件事之后，张居正还特意派人到海南去看看那个海瑞平常都干些什么。去调查的人看到海瑞每日粗茶淡饭，生活极其拮据，都不由得为之叹息。回来跟张居正汇报了一下，张居正一听，沉默了半晌，最终一句话也没说。

张居正啥也没说，但最终还是没用海瑞，说明他在心里对海瑞的性格也还是有看法的。再加上他推行“一条鞭法”时找到了比海瑞更早、更成功地试行过“一条鞭法”的闽浙巡抚庞尚鹏，所以对海瑞也就一直弃之未用。

落井不下石

虽然这样，海瑞对张居正也并不是像当时人传说的那样，说海瑞也很讨厌张居正。最典型的一个例子就是张居正的老爹死了之后，按封建礼教的规定，张居正应该辞职回家守孝三年，可张居正放不下他的改革事业，也放不下他手上的权力，所以不肯回家。这导致了天下士大夫阶层对他的辱骂，这就是明代历史上有名的张居正“夺情”事件。

据说在“夺情”事件之初，在天下士大夫开骂张居正之前，有一份讨张檄文成为天下人开骂张居正的导火索，而传说这篇成为导火索的讨张檄文就是海瑞写的。大家都觉得海瑞是那个时代的道德楷模，他肯定最看不过张居正这个不遵守伦理道德规定的事儿。所以，依海瑞的脾气，他肯定会不管三七二十一，对张居正开骂的。

可事实上，这件事当时人就考证清楚了，这篇讨张檄文不过是有人假托海瑞的名义写的，而一向喜欢摸老虎屁股的海瑞，在这件事上，还就真出乎所有人的意料，没攻击过张居正。

那么，海瑞这样一个“眼中只有是非”的道德完人为什么在“夺情”这件事上反倒一改常态，没有来攻击张居正呢？是他老了吗？学会明哲保身了吗？还是他胆小了？不敢再摸老虎屁股了？

我想，这些肯定都不是主要原因，海瑞敢担当、敢以天下为己任乃至敢摸老虎屁股的清官本色，到死也没变过。后来，我终于想明白了，他之所以没有在这件事上攻击张居正，是因为他看到张居正改革对国家、对百姓的重要，是因为他的批评与攻击向来都是对事不对人，都是以国家利益、百姓利益为最高原则的。

虽然张居正不用他，但只要张居正是在做有益于国家与百姓的事，海瑞打心眼儿里还是能放下个人恩怨来支持他的。所以，后来在张居正死

已成老翁的海瑞
真的还会复出吗？
如果复出，
历尽沧桑、年
华老去的海瑞
还会像从前那样
依然是一座风吹不倒、
雨打不跑的海刚峰吗？

郦波语录

当年元好问有首诗说『能吏寻常见，公廉第一难』，也就是说，对于官员来说，最难是清廉，是能长期保持廉洁自律，尤其是能一生都保持廉洁自律。古往今来，能做到这一点的，海瑞，可以算是最突出的一个。

后，被反攻清算时，海瑞曾经深情地评价这个一直都不用他的张居正说：

太岳工于谋国，拙于谋身。（谈迁《国榷》卷四一）

意思是说张居正虽然个人有缺陷，但对国家还是有贡献的，这一点不能抹杀。

你看看，张居正闲置海瑞十余年不用，海瑞却依然在举世皆云张居正之非的时候站出来替他说话，这就是真正的道德完人的磊落襟怀！

海瑞襟怀磊落，虽然在故乡的山水中孤独而寂寞地生活着，但心中的报国之志却始终不能平息。他坚信，他的生命是属于社稷的，是属于国家的，是属于百姓的。即便有16年的闲置岁月，也不能改变他这种信念。

那么，已成老翁的海瑞真的还会复出吗？如果复出，历尽沧桑、年华老去的海瑞还会像从前那样依然是一座风吹不倒、雨打不跑的海刚峰吗？

第十章 反腐风暴

张居正死后，已经长大的万历皇帝对他曾经敬爱的老师进行全面的反攻清算——凡是张居正不用的人，我都得用用试试看——万历皇帝第一个想起来的就是海瑞。主要还是因为“海青天”的名声太大了，所以万历皇帝想想，不管他多大岁数，只要他还活着，我就得让海瑞好好地发挥下余热。所以，他亲自拍板，命吏部给海瑞安排一个职位，立刻上岗起用……

老干部复出了

在张居正当政的日子里，海瑞在偏远的海南山区，一直怀着一颗报国之心，苦苦地等待着朝廷能叫他回去为老百姓做点儿事，可一直等到花儿都谢了，一直等到比自己小得多的张居正都病死了，海瑞也没等到。

张居正死的时候，海瑞已经七十多岁了。这时候他也觉得自己老了，可能朝廷再也不会叫他重返官场了，所以那种期待也渐渐地有点儿淡了。可就在这个时候，他等了十几年的消息从北京送到了海南那边远的山区来了。

张居正死后，已经长大的万历皇帝对他曾经敬爱的老师进行全面的反攻清算——凡是张居正不用的人，我都得用用试试看——万历皇帝第一个想起来的就是海瑞。主要还是因为“海青天”的名声太大了，所以万历皇帝想想，不管他多大岁数，只要他还活着，我就得让海瑞好好地发挥下余热。所以，他亲自拍板，命吏部给海瑞安排一个职位，立刻上岗起用。

吏部看海瑞年纪大了，一开始安排的是左通政，也就相当于顾问之类的官，但万历皇帝在几天之内接连把对海瑞的任命升了好几次，先是从左通政提拔到佥都御史，也就是检察长，后来又直接提拔成南京吏部右侍郎，也就是组织部副部长。这一下海瑞从哪儿走的回哪儿去，又要回南京去上任了。

接到朝廷的任命后，当时海南的朋友都劝海瑞说，你年纪都这么大了，就算再出山也得跟皇帝客气客气，怎么着也得假模假样地上个表章谦让一下、推辞一下。

结果海瑞回答说，既蒙圣恩，无以为报，只有时不我待，赶快上任去为国家百姓做点儿实事，我还客气个啥啊！

所以，海瑞一刻也不停，立刻简单收拾了一下，不远千山万水地就赶回南京赴任去了。

这一年，海瑞海刚峰已经是一座73岁的老山峰了。所谓“廉颇老矣，尚能饭也”！所谓“烈士暮年，壮心不已”！ 73岁的海瑞才真是这两句名言最生动的写照啊！

“反四风”

“海青天”又回南京了，这一下南京城又轰动了。

16年前，南京人送海瑞走的时候万人空巷；16年后，南京人欢迎海瑞重回南京就职，又是万人空巷。再加上16年里大家对这位海青天的事迹的传颂，那景象之壮观，真是“天下谁人不识君，满城争睹海刚峰”啊！

海瑞也不让南京人失望，人还未到南京，声威已先到了南京。

在路上，海瑞就拟发了吏部的公文，要求一切接待工作从简，而且顺势颁发新的衙署工作条令，详细到一切工作细节，总之和他以前的作风完全一样，要求自己的属下，作为公务员队伍的一员务必严格自律，不仅要奉公守法，还得勤俭节约，做一个人民的好公仆！

就这样，还是有人不了解海瑞的风格。

据说，有一个年轻的御史调到南京不久，以前也没接触过海瑞，以为海瑞这些规定也就是说说而已。为了套近乎，他还大摆酒宴宴请海瑞，结果海瑞一看就火了，当时把衙署内所有御史召集起来说：“你们知道高皇帝有杖御史之法吗？”

也就是问你们听说过我们大明朝的老祖宗朱元璋设过杖打御史的法令吗？没听说过？没见识过？好，我今天就让你们见识一下。

说完就下令把这个铺张浪费的御史抓起来杖刑二十，这一下所有官员心惊胆战，虽然有人求情，但不管用。陈建的《皇明从信录》里记载这事的时候说“卒杖之”，也就是任别人怎么求情，海瑞真打，一点儿不含糊地刑杖二十大棍。

这一下，这个御史差点儿没被打死——自己请客吃饭请来一顿板子，别提多后悔了。而整个南京官场都一下子对这个七十多岁的老翁刮目相看了。

还有一次，海瑞外出公干，路过一个举人的家，因为赶路累了，就到这个举人家歇一下。

这个举人家里很有钱，客厅里都是富丽堂皇的。但听说这位要暂坐片刻、歇歇脚的老人就是海瑞海青天，吓得赶快在海瑞进门之前，紧急动员家里所有人，把客厅里贵重的摆设全都赶快搬到后院里去。又从厨房里赶快搬两张用人坐的条凳放在客厅里，以显得寒酸些。

结果海瑞来了，本来进门前看高门大院还不停地皱眉头，可进了客厅一看，摆设如此简单，就露出了笑颜，频频点头。海瑞就在那个破条凳上坐了一会儿，然后就走了。

海瑞走了之后，据说这个举人还吓得直抹汗，说幸好没给海瑞看出自己家的铺张浪费来，要不还不知道会有什么后果。

你看，这也说明海瑞对铺张浪费的官僚习气恨到了什么地步，而他这

海瑞一刻
也不停，立刻简
单收拾了一下，
千山万水地
就赶回南京
复任去了。

郦波语录

这一年，海瑞海刚峰已经是一座七十三岁的老山峰了。所谓『廉颇老矣，尚能饭也』！所谓『烈士暮年，壮心不已』！七十三岁的海瑞才真是这两句名言最生动的写照啊！

种对铺张浪费的愤恨又有名到了什么地步！

在海瑞的严令之下，南京当地的官场风气为之一变。南京当地的百姓都说海爷爷宝刀不老，一来就能镇邪！民间后来甚至传说，只要亲眼能见上海青天一面，就可以避邪消灾。以至于平常老有人要到海瑞办公的地方或者他家里去看他。

海瑞的境界是“海纳百川，有容乃大”，愿意来参观，就尽管来。

他每次回家，坐在厅堂之上，从不关门，以便老百姓求见。有的老百姓进来后，磕个头，看看就走了。海瑞问他们有什么事儿，他们都磕头回答说：“没什么事儿，不过是要看看海青天、海老爷的颜貌罢了！”

后来就有那种特别有经济头脑的画师画了海瑞的像在市场上卖，结果南京市民争相购买，在当时，海瑞的画像几乎就成了当地的年画。

海瑞在百姓中的声誉越来越高，但他的年龄也越来越大了，海瑞自己在给友人的信中也说自己“七十有四，非做官时节，说天下事，只如此而已”！也就是说，他也意识到自己精力不行了。虽然还在坚守自己人生的理想，为百姓、为国家尽最后的一份力，但毕竟离油尽灯枯、死而后已的日子也不远了。

难道一生精彩的海瑞海刚峰就要这样平淡地退出人生的舞台？难道在历史上书写下无限精彩的海瑞海刚峰就要这样平淡地退出历史的舞台？

绝不可能！

因为他是大明第一清官海瑞海刚峰！就算是死，就算是告别人生与历史的舞台，他海瑞也注定要跟一般人不一样！

反贪“打黑”

万历十四年（1586）年初，海瑞越来越老了，他在南京的声威也越来越大，连远在万里之外的万历皇帝也频频关心海瑞在南京的工作与生活，想想像海瑞这样德高望重的人，还是应该再往上拔一拔。于是，这一年年初，万历又心血来潮，亲自下旨，擢升海瑞为南京都察院的都御史。

海瑞复出的过程中，已经连升三级，最后被任命为南京吏部右侍郎，也就相当于中组部副部长。如今改任都御史，那就相当于监察部的部长，可比吏部右侍郎还高半级。

可就算是手握重权的监察部部长，大多数人认为这对于海瑞不过只是一个虚职——因为海瑞毕竟年纪太大了。其实，这个年龄本该在家颐养天年，早该退休啦，万历小皇帝让他出山，也不过就是图个新鲜，不过就是个好奇，不过就是给这个大名人一个面子，又怎么可能真的让他干事儿呢？海瑞也是个聪明人，估计到了这个份儿上，也不会再折腾了吧！

事实上，所有人都看错了海瑞，虽然他老了，虽然他也知道万历对他的重用只是因为他盛大的名声，但他还记得年少时亲笔写过的那篇奇文，他对着自己心中的神曾经发誓说：绝不做一个尸位素餐的人！

所以，从万历任命他为监察部部长的那刻起，他就知道自己下面该做什么事了。

那么，这时候的海瑞该做什么事呢？他要做一个监察部部长该做的事儿——反贪、反腐和打黑！

上一次，也就是16年前，海瑞来江南，是做应天巡抚的，相当于现在苏、浙、沪、皖几个省的省长，所以他在整顿官场的同时，重点施行的是经济改革。这一次他做了都御史，那就相当于监察部部长。所以，他的重拳就打在了反贪和反腐上，这刀子可就对准了南京当地的大大小小的官员。

海瑞反贪，先从“打黑”做起，因为黑社会、黑势力总是和腐败的官员勾结在一起狼狈为奸的。

海瑞了解到南京的市场上行市比较萧条，而市场之所以比较萧条是因为商人们不敢也不愿在市场上进行交易，而商人们之所以不愿意进行交易是因为有一股欺行霸市的黑势力存在。当然，我们不知道那时候的黑势力称不称得上是“黑社会”，也不知道他们是不是要收保护费，但可以肯定的是他们也像现在的黑社会一样盘剥商户，以至于当时很多商人经营不下去。

那么这股黑势力为什么能欺行霸市呢？原因很简单，他们背后有衙门撑腰，而这个衙门还不是一般的衙门，是以兵马司为主的各府台衙门。

这个兵马司在当时权力相当大，相当于卫戍区警备司令部，不仅负责城防，还负责治安，所以一般没什么人敢惹他们。

海瑞查到就是他们跟社会上的黑势力勾结，盘剥商户，让商人定期交东西给他们，却从来不付钱。后来，不仅向商人索要商品，还向街坊与住户定期索要物品。要的这些东西其实都是不给钱的，但他们比现在的黑社会好一点的是，口头上还说将来会给钱的，所以兵马司还自己印制了一种票据，算是拿了东西的一种凭证。其实也就相当于“打白条”——但大家都清楚，这种白条是永远也不会兑现的。

海瑞查实了这个情况之后，让人在民间收集了大量的这种白条，然后就拿兵马司的官员开刀了，一下子就把南京当地多年以来的盘剥商户与百姓的不法官员都问了罪，也把与之相勾结的黑社会给一锅端了。

这一下子，海瑞的打黑行为大快人心，南京当地百姓对海青天整顿官场的呼声也越来越高，都说“海爷爷宝刀不老，必能整肃天下”！

海瑞自己也很满意，一看，还行啊，自己不显老啊，雷厉风行的一

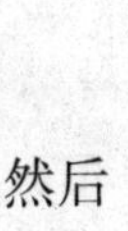

场“打黑肃贪”还就收到了预期的成效。他奋起神威，准备再接再厉，在他这个监察部部长的位置上把反贪与反腐的工作声势浩大地进行下去。于是，他亲自向万历皇帝上了一道奏章，主张严刑峻法，加大反腐反贪的力度。

在这篇奏章中，海瑞引经据典，提到了明太祖朱元璋当年反贪的时候，有贪污60两的，即处以剥皮囊草之刑。朱元璋所创的这个反贪刑罚非常有名，就是贪污数额达到60两的人，就要判死刑，不仅判死刑，而且要活剥了贪官的人皮，然后把人皮里塞满草，再把这个用草撑起来的人皮竖在闹市口示众。海瑞说明太祖施行这个剥皮囊草之刑之后，确实起到了敲山震虎的作用，当时绝少贪官。后来一直影响到弘治年间，当时官场清廉，所以政通人和。

可再后来，这种剥皮囊草的酷刑彻底废除之后，朝廷施行所谓的“宽以待士”的政策，结果使得贪污、腐败横行，民不聊生。海瑞的意思并非就是一定要恢复这个剥皮囊草之刑，就是觉得朱元璋的这个严刑峻法在反贪反腐中值得借鉴，他也打算以严刑峻法在江南开展一场声势浩大的反府倡廉运动。

可这份奏章一上，立刻在官场上引起了剧烈的震动，当时有些人就攻击海瑞，说他想恢复剥皮囊草之刑，这心也太狠了点儿了。

对于这些风言风语，海瑞根本不在乎——他一辈子受人诬蔑的事多了，所以也懒得再去辩解，以至于后人一直都以为海瑞主张的就是朱元璋的剥皮囊草之法。其实，细读海瑞的奏章，我们会发现，他只是要继承朱元璋严刑峻法的反贪手法，并不是提倡一定要恢复剥皮囊草这种残酷的刑罚。

海瑞懒得辩解，是因为他是一个做实事的人，所以他在给万历上了奏章之后，也不管皇上怎么答复他，就开始着手在江南颁布新的反腐条令，准备开始他计划中的反贪运动。

海瑞反贪反腐做得最有特色的是，他作为监察系统的领导干部，提倡反贪必须先从领导干部身边做起，必须先从监察系统自身反起。所以，他一开始的反贪对象就是他手下监察系统的那些御史们。

但南京当地的御史们虽然知道海瑞不是好惹的，可谁也没把海瑞的“反腐倡廉”真当回事儿。因为反腐年年说，倡廉年年唱，总是雷声大、雨点小，这么多年了，也没见谁动真格的！所以，大家都以为海瑞跟前几任领导一样，也只是说说而已。

可海瑞毕竟是言出必行的海刚峰，他刚颁布完条令，立刻就拿人开刀了。而且开刀的这个对象、这个事儿着实让大家吃惊不小。

话说有一个御史，大概家里有什么喜事，就排了酒宴，还招了个戏班子到家里来唱戏。古代也叫唱堂会，有钱人家经常干这种事儿，侯宝林先生那段著名的相声段子《关公战秦琼》，就是说艺人在有钱人家唱堂会的时候，把关公和秦琼唱到一块儿去了。所以，唱堂会在当时已经是非常普遍的一个情况了，这个御史也没觉着自己这个事儿有可能违反海瑞的反腐条令。

可海瑞不这么看，他立刻就此事严查这个御史。为什么呢？海瑞拿出明太祖洪武朝时期的规定来——当时朱元璋特别痛恨官僚腐败，所以规定官员不能像商人那样——有钱的商人你可以叫伶人，也就是当时的艺人，到家里来唱堂会，但官员绝对不允许。因为当官的你就是老百姓的公仆，你就该“俯首甘为孺子牛”，你摆什么阔气？你贪什么享受？你怎么能像商人那样把戏班子请家里来摆场子呢？不行！坚决不行！所以，朱元璋规定，但凡官员有这种行为的，必须受杖责之刑。

可问题是朱元璋死后，这规定早就废除了，也没人记得两百年前老祖宗还有这规定。可问题是就算是所有人都忘了有这规定，海瑞也不会忘记。他就依这个杖责之法，把这个请戏班子的御史给打了二十大棍！差点儿没当场打死。这下可好，这个御史家里本来是办喜事，结果差点儿没红白喜事一起办。

这一下，在南京当地的监察系统一下就引起了巨大的震动。这些御史都嘀咕上了：这个海瑞海刚峰，七十多岁一老头了，下手这么狠，这反贪反腐都反到自己手下、自己衙门里了！而且，海瑞还放出话来了，谁有问题，谁先自察自纠，被查出来再自首，那就没你的好果子吃了。

这一下，当地的御史是人心惶惶，心里有鬼的这下可都坐不住了，于是终于有人铤而走险，开始对海瑞反戈一击。

反攻倒算

有个叫房寰的提学御史，主管教育口的工作，多年来利用手中的权力牟取私利。据说每一级考试，大到科举的乡试、会试，也就相当于全国性的高考，小到地方上县学的考生员考秀才，他都要设置关节，收受贿赂。由于这个人特别贪，所以，当时江南十三府流行一篇假托无名氏写的文章，叫《倭房公赋》。这个名字就是比照杜牧那个有名的《阿房宫赋》来的。

这个“房公”指的就是房寰，之所以叫他“倭房公”，是说他专门陷害书生、秀才这些读书人，贪污腐败，侵吞民脂民膏，手段之穷凶极恶，就像是凶残的倭寇一样。所以，这篇影射他的文章才叫《倭房公赋》。

海瑞来到南京就听说了房寰的恶行，但因为房寰是主管江南十三府的提学御史，手里权力很大，所以海瑞还是很谨慎的。哪知道，他还在初步调查阶段，还隐忍未发呢，这个房寰就坐不住了。他知道海瑞反腐不像其他、就依这个杖责之法，把这个请戏班子的御史给打了二十大棍！差点儿没当场打死。

郦波语录

什么叫脏衣炮弹呢？很简单，就是往他身泼脏水、扣屎盆子，栽赃、陷害、诬蔑，怎么黑怎么来，栽赃栽到莫须有，诬蔑诬到想当然，最后叫你百口莫辩，再好的清官、再大的英雄，最后你也没辙儿！

他人，可以用钱摆平——海瑞海刚峰那就是大明朝一座任你风狂雨骤也动摇不了的伟岸山峰。房寰也很狡猾，深知海瑞这种人不可能用糖衣炮弹打倒他，只能用“脏衣炮弹”打倒他。

什么叫脏衣炮弹呢？很简单，就是往他身泼脏水、扣屎盆子，栽赃、陷害、诬蔑，怎么黑怎么来，栽赃栽到莫须有，诬蔑诬到想当然，最后叫你百口莫辩，再好的清官、再大的英雄，最后你也没辙儿！

纵观历史，不就是这样吗？多少清官，多少英雄，不是倒在敌人的刀枪下，而是栽在自己人的黑手里！

这个房寰看海瑞要查到自己了，就来了个恶人先告状，心急火燎地向皇上亲呈了一篇表章——那就是告御状了。告谁的御状呢？当然是告海瑞的御状。

房寰栽赃跟当年导致海瑞罢官时那个戴凤翔的栽赃一样，基本上都是“莫须有”，要么说海瑞逼死过自己的家人，要么说海瑞与倭寇勾结。不过到了这个时候，江南已经没有倭寇了——这时候的倭寇早就被大明战神戚继光扫荡一空了，所以房寰不能再说海瑞勾结倭寇，于是他就说海瑞菲薄圣人，说海瑞亲自说过：孔孟在世，不过如此，当世圣人，不过就我海瑞一个！又说海瑞到处以清廉标榜，平常穿的都是打补丁的衣服，对办公室用纸都严加限定，分明是作秀，是自我炒作，这样的人怎么能做高级长官呢？

房寰最贼的地方是，他主动向万历皇帝承认自己是在平常工作中收受了一些人送的礼品啊、土特产什么的，但他不自命不凡、也不标榜清廉，所以他认为他的这点儿“贪”远比海瑞的清廉对朝廷有实际意义。那意思是说，我贪但我干活儿，而海瑞只顾炒作，其实对朝廷而言只是个摆设——你皇上当初用海瑞不就是把他当个摆设吗？

你别说，这话可真说到万历皇帝的心坎里去了，万历这时候也不过

二十来岁，很年轻，他之所以起用海瑞，也就是因为海青天名声大，也就是想把他当个榜样，也没真想让这个七十来岁的海瑞干什么实际的事儿！所以，他曾经叫人替海瑞刻了一方印，叫“掌风化之官”，那意思就是只把海瑞当个清官的榜样。

万历皇帝这边刚看了房寰的告状，那边海瑞看到政府通报后的辩解状也来了。万历皇帝一看，多大点儿事啊，你们争这个有意思吗？于是，他就此事批了个意见，说：“是非自有公论，不必辩。”（《明神宗实录》卷一七四）那就是说，自己先置身事外，做个和事佬，让房寰和海瑞都别吵了。但这一明显的和稀泥的招数却引发了不可预料的后果。

万历不评点是非，说是非自有公论，公论马上就来了。江南的书生、秀才、知识分子知道了这件事后，很多人都坐不住了。海瑞在他们心中那就是道德的楷模，而房寰在他们心中那就是地道的恶魔。皇上你不是说是非自有公论吗，大家就公论给你看。于是，很多读书人纷纷起来痛骂房寰。其中最有名的一个叫顾允成，是无锡人，他牵头写了几篇攻击房寰的文章，请他在朝中做官的哥哥顾宪成递交了上去。

这一下，千夫所指，大家以为房寰肯定完蛋了。哪知道皇帝的心理跟一般人不一样，他最怕的就是学生干预国事，江南的书生都骂房寰，群情激愤，搞得像“学生运动”，万历就很不开心。大家骂得越凶，万历就越袒护房寰，所以后来反而处理了顾宪成和顾允成这些人。但这些知识分子宁折不弯，坚持气节。他们后来在江南的东林书院里“风声、雨声、读书声，声声入耳；家事、国事、天下事，事事关心”——这就是后来晚明著名的东林党人的雏形。

所以，从历史的角度看，著名的东林党人也是因此而生的。

海瑞看万历皇帝如此袒护房寰，也不由得心灰意冷，在万历十五年（1587）间，接连上了七篇辞职报告。

可万历皇帝怎么好意思同意海瑞走呢？当初他兴冲冲地把七十多岁的海瑞弄回来，要再让他走人，那不是打自己脸吗！所以他就不让海瑞走。

海瑞坚决要辞职，万历皇帝坚决不让海瑞走，吏部就很为难了，不知道该怎么安排海瑞的工作。

就在局面越来越僵，大家都一筹莫展的时候，还是海瑞最终给出了解决办法，他的这个办法终于让既好面子但又不能干实事的万历皇帝和满朝文武长舒了一口气，放下了心里最大的石头。

那么，海瑞的这个解决办法到底是什么呢？

第十一章 千古『海青天』

年轻的万历把被弃用 16 年的海瑞从海南边远的山区里特旨起用，让他重回南京任都察院右都御史，本意只是让德高望重的海瑞担一个“掌风化之官”的令名。可海瑞自是一座越苍老便越苍劲的桀骜“刚峰”，他凭着自己对信仰至死不息的激情，在江南刮起一阵反腐风暴。可让海瑞没有想到的是，万历只是看中了他的名声，并非看中了他的才能。

海瑞愤愤不平，连上七道奏章，请求辞职。万历坚决不允，以为若让海瑞离去，就是丢了朝廷与自己的脸面。两下就这样僵持着，一个是脾气古怪的皇帝，一个是傲然独立的名臣，以至于吏部也无可奈何，不知道该为海瑞安排怎样的工作。

还是海瑞，为这场人生中最后一场看似无奈、实却无聊的纷争提供了最终的解决办法……

海瑞之死

史学家黄仁宇先生有部最有名的代表作——《万历十五年》。

这本书很有名，也很奇特。最奇特的就是它的书名，为什么不是万历十四年、十三年？要凑吉利的话，也应该是十六年、十八年，为什么偏偏要叫万历十五年呢？难道那一年，那么奇特吗？

黄仁宇先生料到我们会有此一问，所以他在书的一开头就解释了一下，他说：

> 公元1587年，在中国为明万历十五年，论干支则为丁亥，属猪。当日四海升平，全年并无大事可叙……实为平平淡淡的一年。既然如此，著者又何以把《万历十五年》题作书名来写这样一本专著呢？1587年，在西欧历史上为西班牙舰队全部出动征英的前一年。当年，在我国的朝廷上发生了若干为历史学家所易于忽视的小事。这些事，表面看来虽似末端小节，但实质却是大事的症结……其间关系因果，恰为历史的重点。

在黄仁宇所说的万历十五年的小事中，就有一件有关七钱银子的小事。

说到这个七钱银子，可跟海瑞之死有着莫大的关联。那么，到底是怎样的关联呢？这还要从海瑞为万历满朝提供的那个解决纷争的方法说起。

年轻的万历皇帝，在张居正死后，对他曾经最敬爱的老师呕心沥血打造的“万历新政”，采取了彻底颠覆的政策。他想证明，没有张居正，没有张老师，他一样能别有声色地做出自己的事儿。于是，张居正弃用的人，他一定要用；张居正不做的事儿，他一定要做。

可是他没有张居正的才华与智慧，只能象征性地做上那么几件装点门面的事儿。海瑞就是志大才疏的万历帝要装点的门面之一。

年轻的万历把被弃用16年的海瑞从海南边远的山区里特旨起用，让他重回南京任都察院右都御史，本意只是让德高望重的海瑞担一个“掌风化之官”的令名。可海瑞自是一座越苍老便越苍劲的桀骜“刚峰”，他凭着自己对信仰至死不息的激情，在江南刮起一阵反腐风暴。可让海瑞没有想到的是，万历只是看中了他的名声，并非看中了他的才能。

海瑞愤愤不平，连上七道奏章，请求辞职。万历坚决不允，以为若让海瑞离去，就是丢了朝廷与自己的脸面。

两下就这样僵持着，一个是脾气古怪的皇帝，一个是傲然独立的名臣，以至于吏部也无可奈何，不知道该为海瑞安排怎样的工作。

还是海瑞，为这场人生中最后一场看似无奈、实却无聊的纷争提供了最终的解决办法。

说到这个解决纷争的办法，真是让人平添历史的苍凉之感，也不由得让人唏嘘悲叹！

万历十五年（1587）的冬十月，75岁的海瑞海刚峰，在满怀的愤懑中病逝在他南京的家中。

他死了，朝廷不用为难了，万历皇帝不用为难了。堂堂的大明王朝竟然容不下一个真正的清官！一个真正的清官只有用死才能化解他和这个污浊尘世的矛盾，只有用死才能保全整个朝廷所谓的面子，这不让人悲叹吗？这不就是历史的苍凉与无奈吗？

“死去原知万事空！”

可海瑞的死，并非这样简单。因为他是卓尔不群、与众不同的海瑞。

七钱银子的遗嘱

海瑞与众不同，因为他是独一无二的海刚峰。

海瑞毕竟是海瑞，不管万历和朝廷是不是只拿他当个摆设，但他自己绝不拿自己的生活当摆设！他这个人，自内而外，从精神生活到物质生活，从大处到小节，无时无刻无处不在遵循着自己的理想与信仰。

海瑞的理想和信仰是什么？

很简单，如果我们来替他总结的话，只有两个字——清官！

中国老百姓最喜欢清官，中国历史上也有很多清官，但很少有像海瑞这么纯粹、这么完整意义上的清官。

为什么这么说呢？

一般大家谈清官，主要说的是清廉。比如，《辞海》给清官下的定义就是“与贪官相对，指公正廉洁的官吏”。但从清官在中国历史上重要的意义来看，这个定义无疑太过简单了。

我个人以为，清官必须有以下四个方面的内涵。

第一个倒不是清廉，而是“清明”，也就是得有为官的能力。

海瑞也说，当官首要的事情，得“为百姓兴其利，除其弊”（《备忘录·复王七峰琼山知县》），就是你得有本事，你得能透过现象看本质，体察民情，平冤狱，平民愤，并帮着老百姓过上好的生活，这才是清官第一王用汲不由得是热泪盈眶，再检查海瑞的遗物，剩的钱也不够买棺材、办后事的。

郦波语录

他到临死还公私分明，他到咽气还廉洁自律，他的遗嘱虽然只是七钱银子，但放在历史的天平上来称一称，那真是重如泰山啊！

重要的。所以，当官的都叫什么？叫人民的公仆！你脑子糊里糊涂，什么事干不了，整天就在那个位置上尸位素餐地混日子，那怎么能叫清官呢？

第二个是得“清正”，就是不考虑个人得失，得有立场，得按原则办事。

官场上最讲究拉帮结派，最讲究人事关系——我们不是常说吗，人很简单，事很简单，人事就不简单了！那指的就是官场。在官场复杂的人事关系里，一个人能坚守原则做事情，才能秉持一颗公心，能有一颗公心，而不是私心，那才称得上是清官。海瑞，可以说是用一生实践了孙中山先生的那句名言——“天下为公”！

清明是有能力，清正是有立场，第三个是“清介”，就是不依附权贵，不与官风不正、学风不正还有为富不仁的人交往，这是有品格。

很多人当了官，第一忙着向上结交权贵，这叫跑官；第二忙着向下结交富商，这叫跑钱；中间还结交些文化人，附庸风雅，也顺便跑点儿文化；捞权捞钱还捞面子，看上去好像有品位，其实这种人最没品位。最有品位的人，其实是那种“壁立千仞、无欲则刚”的人，是海瑞那种一生都能不依附、不巴结、不官商勾结、傲然独立的人，所以他叫海刚峰。

有能力，有立场，有品格，能清正、清明、清介，还称不上是最突出、最伟大的清官，有了这三条之后，最后一条，还得有个人的操守，那也就是最重要、大家最熟悉的一条，也就是“清廉”了。

当年元好问有首诗说“能吏寻常见，公廉第一难”，也就是说，对于官员来说，最难是清廉，是能长期保持廉洁自律，尤其是能一生都保持廉洁自律。古往今来，能做到这一点的，海瑞，可以算是最突出的一个。

你看他刚进入官场当小县令的时候，“布袍脱粟，艺蔬自给”（《明史·海瑞传》）。就是说，身上一直穿得很破旧，唯一一件好衣服就是官服。平常穿便服出门，不知道的还以为是丐帮长老。平常吃的，也全是自己家开垦荒地种的粮食和蔬菜。只有母亲过寿的那天，海瑞狠狠心，上街买了二斤肉，以至于当时都轰动了。

后来，虽说是做了京官了，工资也多点儿了，可当初他抬棺骂嘉靖，临终托孤的时候，所有的积蓄和遗产也不过20两白银。

按理说，后来他又做了应天巡抚，做了好几省的省长，条件应该好了吧！可他老婆就是因为家里穷，长期营养不良，积病而死的。

后来，海瑞罢官，回海南老家，愣是一点儿积蓄也没带回去。为啥没带回去呢？很简单，是因为他没有任何积蓄。

再后来，72岁的海瑞惊天复出，到他74岁死在都御史任上，也就相当于死在监察部部长这个位置上的时候，海瑞还是穷得叮当响。

穷到什么地步呢？

《明史》记载说，在听说海瑞病死的消息后：

佥都御史王用汲入视，葛帏敝籝，有寒士所不堪者。因泣下，醵金为敛。(《明史·海瑞传》)

就是说海瑞的同事、佥都御史王用汲，在听说海瑞病逝的消息后，赶紧赶到海瑞家处理后事，到了之后，眼前的景象，可谓是触目惊心啊！

海瑞这时候家人早已离散，妻子也死了，有两个女儿也早已远嫁，基本上算是孤身一人，而身边也只有一个跟了自己多年的老仆人。王用汲本想找点儿海瑞的遗物好替他收殓，可到了海瑞家一找才发现，那个穷啊——“葛帏敝籝”，是说连家里都没像样的布。

“葛帏”就是用葛藤的皮织成的布，是最最低级、最最便宜的那种，连麻布都不如。堂堂监察部部长家里、床上就是铺的这种布！而“敝籝”是说家里用的仅有一些器具也都是破破烂烂，用了好几十年的。这个生活在老仆人点头答应下来之后，七十五岁的海瑞海瑞刚峰才放心地闭上了双眼。

郦波语录

他是有些偏激，他是纷争不断，他甚至在家庭生活上确实也不够理想，但他海瑞，的的确确是一个标标准准的千古清官！他身上的那种正义凛然、浩然正气、廉洁自律、大公无私、鞠躬尽瘁、勇于奉献，这些都已经远远超越了任何制度的范畴，成为人类永恒的精神财富。

从这个意义上说，海瑞，他是不朽的！

条件，那是连当时最穷的寒士也不如，但凡是个读过书人的，谁也受不了这么穷困的生活。

这一下，看得王用汲不由得热泪盈眶！再检查海瑞的遗物，剩的钱还不够买棺材、办后事的，也就是说眼见海瑞穷到连体面的下葬都困难。王用汲实在没办法了，“醵金为敛”，也就是让同僚们捐了钱，才最终把穷困了一生的海瑞给殓葬了。

谁能想到堂堂国家监察系统最高长官，堂堂监察部部长海瑞能穷到这个地步！

我们说一时穷不难，一生穷才真的难，一生在随时都可以富得流油的情况下还这么穷才难，一生在举世像他这样的官员都富得流油的情况下还穷成这样，那叫真的难啊！

而海瑞就是在一生如此穷困的情况下，平了无数的冤狱，帮了无数的百姓，整了嚣张的钦差，骂了昏庸的皇帝，推行了“一条鞭法”，兴修了江南水利，还反了官场的腐败，树立了一个千古清官的形象！多不容易！

但最不容易的，还是他的死。

海瑞一生为国为民，可谓是鞠躬尽瘁，死而后已，到临死前总该为自己的后事想想了，所以，他临死前挣扎着要说些什么。家里的老仆流着泪跪在海瑞的床前，说老爷您有什么未了的心愿，您说出来，我一定给您办到！

海瑞最后挣扎着断断续续地说出了自己的遗嘱。这个遗嘱真是非海瑞不能说出。海瑞说：“本月薪俸之中，有一笔冬天的取暖费，其中有七钱银子他们算错了，是多发给我了。我海瑞一生清清白白，从来没多拿过公家一分钱，你无论如何要帮我把这七钱银子给还回去，要不我死不瞑目！”

在老仆人点头答应下来之后，75 岁的海瑞海刚峰才放心地闭上了双眼！

他到死还公私分明，他到咽气还廉洁自律，他的遗嘱虽然只是七钱银子，但放在历史的天平上来称一称，那真是重如泰山啊！

放眼古今中外的历史，虽然也有不少清官，但几乎没有一个人可以把清官做到海瑞这么纯粹的地步——就算是名声比海瑞还大的包拯也不行。“包青天”怎么说也穷不到“海青天”这个份上：包拯是开封府尹，相当于当时首都的市长——赵匡胤称帝后他的弟弟、后来的宋太宗赵匡义就做过开封府尹，所以这个位置是非常重要的！包拯那是宋仁宗最为依赖的朝中重臣，再加上当时政治清明，不存在政治集团之间强大的利益斗争，所以他做事，他为官，令行禁止，没有那么大的阻力，没有那么大的矛盾，也远没有海瑞这么艰难。从实际情况来看，如果说海瑞这个清官的纯粹程度连包公都不能与之相比，谁还能跟他比呢？

他是有些偏激，他是纷争不断，他甚至在家庭生活上确实也不够理想。但他海瑞，的的确确是一个标标准准的千古清官！他身上的那种正义凛然、浩然正气、廉洁自律、大公无私、鞠躬尽瘁、勇于奉献，这些都已经远远超越了任何制度的范畴，成为人类永恒的精神财富。

从这个意义上说，海瑞，他是不朽的！

所以，黄仁宇先生才在《万历十五年》中说海瑞生前遗嘱中提到的这七钱银子就是影响历史的“重大的小事”。这一年的冬十月，大明朝一代精神楷模海瑞在贫病交加中死去了；这一年的冬十二月，大明朝的一代战神戚继光也在贫病交加中死去了！一年之中，大明朝当世两大支柱轰然倒塌，所以黄仁宇先生才把这个看似平常的万历十五年视为明王朝衰亡命运的魔咒，他的那部讨论一个王朝命运的名著，才取名叫《万历十五年》。

活在百姓心中

黄仁宇先生是历史学家，他的眼光自然比一般人要深邃。平头老百姓看不出那么深的历史意义，但百姓心中也自有一杆秤，在老百姓的心中，作为清官的海瑞也是永远不朽的。

当时，江南的百姓听说了海青天去世的消息，家家户户都哭祭拜祭，整个南京城都为之罢业、罢市。海瑞的棺木要送回海南安葬的时候，据记载，当时“丧出江上，白衣冠送者夹岸，哭而奠者百里不绝”（清王国宪《海忠介公年谱》）。因为是从水路走的，所以南京的百姓披麻戴孝，倾城而出，都到江边为海瑞送行，沿着长江两岸，哭祭、哭拜、送葬的百姓竟然排了长长的上百里的路。

十里长街送总理，百里长江送海瑞。这就是人民对真正的人民公仆的敬意！

据说，海瑞的灵柩一直被护送到了海南，海南的百姓也纷纷来迎接海瑞的灵柩。虽然海瑞并没有在海南做过官，但他是海南最杰出的儿子，也同样是海南人最引以为荣的骄傲。

在海瑞的灵柩到了现在海口市滨涯村这个地方的时候，一个意外突然发生了。在众人抬棺前行的时候，抬棺的棺绳突然“啪”的一下断裂了。奉旨为海瑞护棺的官员们都吓坏了，议论纷纷，说这么粗的棺绳怎么可能突然断了呢？

但犹疑归犹疑，重换过棺绳之后，想要再抬的时候，大家竟又发现这个棺木突然变得特别的沉重。

于是，大家就想，海瑞一生特立独行，出人意表，难道是他自己不想走了？再一看滨涯村这个地方，虽然当时还很荒凉，但青山绿水，松柏环抱，当时就有人说，这片清洁之地就是清官海瑞为自己选的墓址。于是，海瑞的墓址最后就定在了他棺木跌落的这个地方。所以，你现在去海南海口市的滨涯村，就可以看到松柏拱立的海瑞墓了。

我也去过，印象最深刻的是神道中的石牌坊上写着四个大字——“粤东正气”。

据说，这是万历皇帝亲笔所书。书法很漂亮，但我觉得内容却不够准确。应该写成“天下正气”，或者是“人间正道”，大概才更适合海瑞!

这边海瑞在海南下葬，那边南京人在送走海瑞之后，立刻又开始为海瑞忙活起另外一件事来了。

什么事呢？请海瑞的灵魂来当南京的城隍神。

在江南，海瑞生前就已开始被神化了。明人顾起元的《客座赘语》里说：

> 公每出行所至，人必拥舆左右聚观之，妇人童孺欢呼鼓舞。

就是说海瑞一出行，老百姓就“满城争睹海青天”，那就是把他当神看。

据说，有一次北京递解到南京一样东西，在海瑞职责范围之内，他应到江边去接。不知怎么这事就传走样儿了，大家都传，说从北京押来的是一个木妖，说这个木妖在紫禁城的御花园里作祟，连万历皇帝都被惊动了。后来好不容易抓住了这个木妖。抓住了就得审啊，可是京城那么多德高望重的大臣，谁来审，这个木妖他都不怕，连皇帝御驾亲审，他都不怕。后来万历帝情急之下，说不行就让海瑞来审你！这一下，这个木妖立马就怕得浑身发抖。所以，北京方面就把这个木妖押解到南京来让海瑞海青天来审。这个消息传开之后，当时南京居然万人空巷，大家都涌到江边码头，看“海青天”海大人如何审这个木妖。

有的人
死了，他永远
活着！他，就
是海瑞！就
是平凡而伟
大的海瑞！
就是清官海瑞！

郦波语录

海瑞反贪反腐做得最有特色的是，他作为监察系统的领导干部，提倡反贪必须先从领导干部身边做起，必须先从监察系统自身反起。所以，他一开始的反贪对象就是他手下监察系统的那些御史们。

其实，哪有什么木妖啊，只是老百姓这时候都觉得，海瑞大概已经有了降妖伏魔的能力，觉得他已经不是凡人了。

所以，海瑞一死，南京人立刻纷纷传说，说海瑞已经被玉皇大帝封为南京的城隍庙之神。一时间，南京人纷纷请道士念经修醮，准备迎接海城隍到任。

南京人虽然迎接海城隍的热情很高，怎奈还有热情更高的。据说苏州人也认为玉帝把海瑞封为了苏州的城隍庙之神。因为当初海瑞任应天巡抚的时候，不论是在江南疏浚河道还是试行"一条鞭法"，都是在苏州坐镇指挥的。据说，南京人还在请道士念经的时候，苏州人已经把海城隍办公地点给准备好了，也就是把新的城隍庙都修好了——而且用红粉刷墙，还搞了番精装修，连办公室带三室一厅的标准公寓套房也全都准备好了。所以，后来的民俗里，海瑞就兼任了南京和苏州两地的城隍。

不管审木妖、变城隍的传说是不是有些虚妄，这些都证明，海瑞作为一个清官，在百姓的心中真的是永远不朽的。

所以，我只想用一个普通百姓的名义，并借用臧克家的那首名作，来表达我对这个平凡而伟大生命永远的敬意：

有的人活着，他却死了；

有的人死了，他永远活着！

他，就是海瑞！

就是平凡而伟大的海瑞！

就是清官海瑞！

附录：海瑞大事记

明武宗正德八年（1513） 癸酉

海瑞1岁。

《海忠介公年谱》记载海瑞“正德八年癸酉十二月二十七日生”，依阳历，则生于公元1514年1月22日。据年谱记载，海瑞生于海南琼山县海口镇。

《海忠介公年谱》说海瑞“上世南宋始祖，官指挥，讳俅”，说明海瑞在南宋时的始祖名叫海俅。传至明初，海瑞高祖名叫海答儿，洪武十六年，海答儿从军海南，居琼山，海家自此迁居海南。海瑞曾祖父名叫海福，祖父名叫海宽，父亲名叫海瀚。海家至海瀚时家道中落。

正月，奸臣江彬领神威营，得武宗宠信。自调辽东、宣府、大同、延绥四镇兵入京师，号称“外四家”。

五月，北方蒙古族小王子部进犯边境，边患不断。

明代政治家高拱出生。

正德九年（1514） 甲戌

海瑞2岁。

海瑞父海瀚为廪生，史载海瀚“天性警敏，读书能明大义”。

正月，御史弹劾宁王朱宸濠有不法趋势。

六月，北方蒙古后裔鞑靼部进犯大同、宣府。

正德十年（1515） 乙亥

海瑞3岁。

海家家道中落，海瑞父海瀚“不治生产，安贫乐道”，海家愈贫困。

五月，江西徐九龄农民起义。

九月，云南鹤庆府发生七级以上地震。

八月，小王子部大举进犯固原。

正德十一年（1516） 丙子

海瑞4岁。

海瑞父亲海瀚去世，海瑞成为孤儿。

海瑞母亲谢氏年方28岁，自海瑞父亲海瀚去世后，矢志励节，以教育海瑞为已任。谢氏略知文，口授《孝经》《大学》《中庸》等儒家经典，对海瑞进行启蒙教育。

八月，小王子部进犯宣府。

葡萄牙使节首次来华。

明代著名文学家、茶陵诗派领袖李东阳去世。

正德十二年（1517） 丁丑

海瑞5岁。

谢氏志教育，亲自口授儒家经典教育海瑞。

十月，小王子部犯边，武宗亲自迎战朔州，斩小王子部16人，明军死52人，伤563人。武宗掩败为胜，发还捷报，自称“威武大将军朱寿”。

王守仁带兵平定福建大帽山农民起义。

16世纪著名“异端”思想家何心隐出生。

正德十三年（1518） 戊寅

海瑞6岁。

谢氏志教育，以儒家经典亲自教导海瑞。

武宗自宣府还京，自封“镇国公朱寿”。后又四处游幸，纵欲无度。

葡萄牙派遣使臣三十多人来明朝献贡。

王守仁带兵平定广东浰头农民起义。

明代著名医学家、药学家、自然科学家李时珍出生。

正德十四年（1519） 己卯

海瑞7岁。

谢氏志教育，以儒家经典亲自教导海瑞。

六月，宁王朱宸濠在江西叛乱，史称“宁王之乱”。

七月，王守仁平定“宁王之乱”。

八月，武宗命宠臣江彬提督东厂兼锦衣卫，江彬独揽内外大权。

十二月，武宗出游扬州，因“猪”与“朱”音同，下令禁止民间养猪。次年方解禁。

正德十五年（1520） 庚辰

海瑞8岁。

谢氏志教育，以儒家经典亲自教导海瑞。

武宗南巡，长期不返京师。

五月，江西发生水灾。

十二月，宁王朱宸濠被赐自尽。

正德十六年（1521） 辛巳

海瑞9岁。

谢氏志教育，为海瑞“访择严明师托之”。

明武宗死，无子嗣，经内阁首辅杨廷和等商议，迎立武宗堂弟朱厚熜即帝位，为明世宗。

江彬出逃，被擒下狱，六月，斩首弃市。

明世宗嘉靖元年（1522） 壬午

海瑞10岁。

谢氏志教育，为海瑞“访择严明师托之”。

六月，蒙古鞑靼部首领俺答率军进犯固原。

十一月，山东青州矿工起义。

正德末年到嘉靖初年，徽州商人兴起。顾炎武《天下郡国利病书》卷三十二引《歙县风土论》谓此时“商贾既多，土田不重”。

嘉靖二年（1523） 癸未

海瑞11岁。

谢氏“苦针裁，营衣食，节费资，督瑞学”，辛苦度日，节衣缩食，供养并监督海瑞读书学习。

二月，有大臣上奏世宗生父安陆兴献王庙祭礼应等同历代君王，内阁不同意，世宗因庙制与诸大臣争，开“大礼议”事件端倪。

三月，葡萄牙海盗入侵广东，明军会战于西草湾，获“西草湾大捷”。

四月，世宗于宫中建醮，祈长寿，掀起炼丹求仙之风。

六月，日本贡使劫掠宁波，史称“争贡之役”。

才子唐寅去世。

嘉靖三年（1524） 甲申

海瑞 12 岁。

谢氏“苦针裁，营衣食，节费资，督瑞学”，辛苦度日，节衣缩食，供养并监督海瑞读书学习。

因世宗生父庙制之争，引发“大礼议”之争，君臣伏阙哭争“大礼”，世宗大怒，逮大臣一百三十四人入狱，后又追捕奔匿及待罪者共二百二十人。事后，大学士丰熙等八人编戍充军，四品以上者夺俸，五品以下廷杖，王思、裴绍宗等十七人先后因廷杖而死。

四月，命在南京仿照佛郎机炮。

嘉靖四年（1525） 乙酉

海瑞 13 岁。

谢氏“苦针裁，营衣食，节费资，督瑞学”，辛苦度日，节衣缩食，供养并监督海瑞读书学习。

群臣因“议大礼”而被夺薪俸。

因“大礼议”，内阁大学士杨廷和致仕。

明代大改革家张居正出生。

嘉靖五年（1526） 丙戌

海瑞 14 岁。

《海忠介公年谱》称海瑞“稍知识即欲学为圣贤”，以儒家圣贤为人生目标，初步形成人生观。

鞑靼一部进犯洮州。

明后期重要军事将领李成梁出生。

明代文学家、史学家、“后七子”文学运动领袖王世贞出生。

嘉靖六年（1527） 丁亥

海瑞15岁。

海瑞在乡塾，以古代圣贤为人生榜样，刻苦求学。

鞑靼两次进犯宣府。

明代大思想家李贽出生。

嘉靖七年（1528） 戊子

海瑞16岁。

海瑞在乡塾，以古代圣贤为人生榜样，刻苦求学。

七月，王守仁平定断藤峡瑶民起义。

明代著名军事家、军事理论家、军事科学家戚继光出生。

明代大思想家、心学大师王守仁去世。

嘉靖八年（1529） 己丑

海瑞17岁。

海瑞在乡塾，以古代圣贤为人生榜样，刻苦求学。

鞑靼部进犯宁夏。

明代政治家杨廷和去世。

嘉靖九年（1530） 庚寅

海瑞18岁。

海瑞在乡塾，以古代圣贤为人生榜样，刻苦求学，备受业师廖平庵的赏识。

王琼抚定西番七十余族，洮州、岷州诸番叛乱平息。

十一月，朝廷修订孔庙祀典，尊孔子为至圣先师，力兴儒学。

嘉靖十年（1531） 辛卯

海瑞 19 岁。

海瑞在乡塾，以古代圣贤为人生榜样，刻苦求学。

俺答多次侵扰边境。

三月，监察御史傅汉臣请求朝廷试行“一条编法”，为明代后期议论赋役改革的开始。

嘉靖十一年（1532） 壬辰

海瑞 20 岁。

海瑞在乡塾，以古代圣贤为人生榜样，刻苦求学。

小王子部率十万骑侵犯边境。

嘉靖十二年（1533） 癸巳

海瑞 21 岁。

海瑞以古代圣贤为人生榜样，刻苦求学。

九月，下禁海令，禁止大船贩海。

十月，大同兵变。

嘉靖十三年（1534） 甲午

海瑞 22 岁。

海瑞以古代圣贤为人生榜样，刻苦求学。

蒙古吉囊部多次犯边，俺答则侵入河套地区，边患日显。

八月，推行垦田劝农法，欲查勘荒田。

黄河淤塞严重，总理河道大臣建议治理黄河。

嘉靖十四年（1535） 乙未

海瑞 23 岁。

海瑞以古代圣贤为人生榜样，刻苦求学。

辽东军士哗变。

移主管海外贸易的市舶司于壕境澳，即今澳门。

嘉靖十五年（1536） 丙申

海瑞 24 岁。

海瑞以古代圣贤为人生榜样，刻苦求学。

四川建昌发生七级以上地震。

吉囊部率十万众入侵甘肃、陕西。

世宗嘉靖皇帝崇道教，毁佛骨佛像。

苗民王聪起义。

嘉靖十六年（1537） 丁酉

海瑞 25 岁。

海瑞以古代圣贤为人生榜样，刻苦求学。

六月，吉囊部进攻宣府。

世宗嘉靖皇帝欲出兵讨伐安南，即今越南。

是年，黄河流域、长江流域普发洪水，湖广最为严重。

明穆宗朱载垕出生。

嘉靖十七年（1538） 戊戌

海瑞 26 岁。

海瑞以古代圣贤为人生榜样，刻苦求学。

六月，吉囊部进犯宣府，都指挥周冕战死。

命开云南、大理等处银矿。

王族庄田频发虐死佃户事件。

嘉靖十八年（1539） 己亥

海瑞 27 岁。

海瑞以古代圣贤为人生榜样，刻苦求学。

二月，立次子载壑为皇太子，封三子载垕为裕王，四子载圳为景王。

闰七月，日本国王源义晴遣贡使至中国宁波。自嘉靖二年“争贡之役”后，日本贡使第一次再到中国。

嘉靖十九年（1540） 庚子

海瑞 28 岁。

海瑞入郡学。海瑞在郡学中以“辨明学术、严课功修”而著称。

七月，蒙古多部合兵进犯大同。

世宗嘉靖皇帝服药求仙，欲令太子监国。太仆卿杨最力谏不可，被廷杖致死。

嘉靖二十年（1541） 辛丑

海瑞 29 岁。

海瑞在郡学中学业尤其突出，道德文章，为人敬仰，大家盛赞他为“道学先生”。

五月，因黄河河道南移，命疏浚河漕。

九月，俺答侵入山西。

明代思想家、泰州学派创始人王艮去世。

明孝宗之张皇后去世。明孝宗与张皇后感情深笃，后宫除张皇后外，并无其他嫔妃。明孝宗是中国古代封建社会唯一一位实行一夫一妻制的皇帝。

嘉靖二十一年（1542） 壬寅

海瑞30岁。

海瑞在郡学，郡学诸生多以海瑞为榜样，“相率师事之”。

倭寇由瑞安入侵台州，攻杭州，劫掠浙江沿海。

六月，俺答攻破雁门关，劫掠山西。

六月，内阁首辅夏言罢职，严嵩因擅写“青词”进入内阁。

十月，宫女杨金英等密谋缢死世宗嘉靖皇帝，事不成，世宗幸免一死，史称“壬寅宫变”。

嘉靖二十二年（1543） 癸卯

海瑞31岁。

海瑞在郡学，刻苦求学、自修。

十月，蒙古朵颜各部入寇昌平，威胁京蓟。

西班牙人将烟草传入中国。

嘉靖二十三年（1544） 甲辰

海瑞32岁。

海瑞求学、交友，与明代名儒邱浚的曾孙邱郊结成好友。海瑞亲为邱郊所建乐耕亭写下《乐耕亭记》。

十月，俺答毁边墙而入，掠蔚州，京师告急。

汉奸王直导引倭寇，为祸浙江。倭寇之乱遍布浙江、福建、广东、江苏、山东等地。

嘉靖二十四年（1545） 乙巳

海瑞 33 岁。

海瑞在郡学，刻苦求学、自修。

楚王父子淫乱，世子弑父被诛。诸藩王多有不法事，且耗用无度。

八月，俺答入犯大同，杀大同守备张文瀚。

续纂《大明会典》。

嘉靖二十五年（1546） 丙午

海瑞 34 岁。

海瑞在郡学，备受督学林公赏识。

二月，补修大同段长城三百余里。

三月，四川“白草番”少数民族起义，次年始平。

四月，俺答率十万骑入边，总督三边军务曾铣拒之，大胜俺答。

山东田斌以白莲教组织农民起义，次年始平。

嘉靖二十六年（1547） 丁未

海瑞 35 岁。

海瑞在郡学，刻苦求学、自修。

为防俺答，补筑大同、宣府一带长城八百里。

曾铣袭败河套地区诸寇，蒙古鞑靼部北迁。

冬，沿海倭寇之乱频发。

嘉靖二十七年（1548） 戊申

海瑞 36 岁。

海瑞备考，准备参加次年乡试。

内阁首辅夏言与陕甘总督曾铣商议收复河套，严嵩力主不可，并唆使世宗嘉靖皇帝冤杀夏言与曾铣，明世宗自毁长城。

山东蓬莱、登州发生七级以上地震。

嘉靖二十八年（1549） 己酉

海瑞 37 岁。

海瑞乡试中举，应试文章《治黎策》初见其政治思想，融汇儒、法之长。

二月，俺答大举入侵大同，直抵怀来。

严嵩、严世蕃父子擅权。

明代名将李如松出生。

嘉靖二十九年（1550） 庚戌

海瑞 38 岁。

海瑞参加会试，上《平黎疏》，体现实学思想。会试失败。

八月，俺答攻破古北口，直达北京城下，后于城郊劫掠而还，史称"庚戌之变"。

九月，贵州铜仁苗民起义。

明代思想家、东林书院创始人顾宪成出生。

明代文学家汤显祖出生。

嘉靖三十年（1551） 辛亥

海瑞 39 岁。

海瑞会试失败回乡。

俺答率兵叩关请贡，总督三边军务仇鸾畏战，主张开设大同、宣府市，以满足俺答需求。

九月，河北曲周李邦珍农民起义。

九月，山东乐安孟尚守农民起义。

义士沈炼弹劾严嵩父子擅权乱政，被罗织冤狱致死。

明代著名画家仇英去世。

嘉靖三十一年（1552） 壬子

海瑞 40 岁。

海瑞在乡刻苦攻读，准备二次参加会试。

二月，宣府、大同发生大规模饥荒，同时，俺答再次入侵大同。

四月，俺答入寇辽东。

四月，汉奸徐海、陈东、叶麻、肖显引日本倭寇万余人，驾船千艘，由浙江象山、舟山等处登岸，大肆劫掠沿海各地，江南、江北同时告急。

九月，下旨罢开各地马市，禁止与蒙古各部进行边境贸易。

嘉靖三十二年（1553） 癸丑

海瑞 41 岁。

海瑞二次会试失败，愤然拒绝科举考试。吏部因其举人资格谒选，授福建南平县教谕一职。十二月，海瑞到任，开始其仕宦生涯。

义士杨继盛弹劾严嵩父子擅权乱政，被罗织冤狱致死。

汉奸王直勾结倭寇大举入侵东南沿海，俞大猷于普陀山等处屡败倭寇，获大捷。

葡萄牙商人借口于澳门晾晒货物，侵占澳门。

嘉靖三十三年（1554） 甲寅

海瑞 42 岁。

海瑞于福建南平县教谕任上，立《教约》十六条，是其教育思想的集中反映。当年，延平知府至县学视察，海瑞傲然不行跪拜之礼，因此被称为“笔架博士”。

倭寇大肆流劫东南沿海，胡宗宪受命东南治倭。

明军东南筑城抗倭，所战多败。

嘉靖三十四年（1555） 乙卯

海瑞 43 岁。

海瑞在南平任上，写成《驿传申文》《驿传议》，初步体现其改革驿传制度的思想。

胡宗宪调广西狼兵入浙抗倭，漕泾战败，狼兵乱，劫掠百姓，祸害几如倭寇。

总督张经率军抗倭，获王江泾大捷。

十二月，陕西、山西发生八级以上地震。

明代著名画家董其昌出生。

嘉靖三十五年（1556） 丙辰

海瑞 44 岁。

海瑞在南平任，崇尚道德教育，颇有实绩。

倭寇大肆劫掠浙江、福建各地。

六月，俺答率三万骑进犯宣府。

世宗嘉靖皇帝下诏开银矿，并于各地派驻矿使，矿使四处害民，百姓怨声载道。

陕西华县发生八级以上地震。

嘉靖三十六年（1557） 丁巳

海瑞 45 岁。

海瑞在南平任，“以礼为教，不为俗学所染”，因教育实绩，在当地备受称赞。

倭寇大掠江北，劫断漕运。

浙江马祖师趁倭寇之乱起事，后与倭寇勾结。

胡宗宪诱擒汉奸王直。

嘉靖三十七年（1558） 戊午

海瑞 46 岁。

三月，海瑞被提升为浙江淳安县知县。五月到任，即以“整顿吏治，救民疾苦”为己任。海瑞在任，施行保甲制，训练民兵抵御倭寇侵袭。

倭寇大肆劫掠东南各省，尤以福建、浙江倭祸为重。

俞大猷率水师于普陀大胜倭寇，击沉倭寇粮船，倭寇遂退出浙江。

俺答率军围困大同达六月之久。

嘉靖三十八年（1559） 己未

海瑞 47 岁。

海瑞在淳安任，清查积弊，革除陋习，尤其是“清丈民田，严饬大户为急”，初步体现其经济改革思想。

斩汉奸王直于杭州。

辽东大灾。

倭寇围困福州达一月之久。

鞑靼部攻入潘家口，威胁京师。

清太祖努尔哈赤出生。

明代著名画家文徵明去世。

嘉靖三十九年（1560） 庚申

海瑞48岁。

海瑞在淳安任，被当地百姓誉为“海青天”。此年，发生海瑞与鄢懋卿对抗事件。

倭寇复入浙江，大肆劫掠。

福建为备抗倭，招募广东兵。八月，福建兵变。

抗倭名将戚继光在胡宗宪支持下编选义乌、金华一带矿工、农民入伍，组建“戚家军”。

嘉靖四十年（1561） 辛酉

海瑞49岁。

海瑞在淳安任。鄢懋卿伺机报复，唆使袁淳弹劾海瑞，海瑞以原职改调。

戚继光率戚家军，于浙江台州连败倭寇，一月之内，十三战十三胜，史称“台州大捷”。

闽、粤、赣各地流民起义。

陕西、宁夏发生七级以上地震。

苏州、松江等府大水成灾。

嘉靖四十一年（1562） 壬戌

海瑞50岁。

海瑞编成《淳安政事稿》三卷，《淳安稿》一卷，是其入仕以来的工作与思想总结。十二月，海瑞被调任兴国知县。

六月，严嵩之子严世蕃入狱论斩。

倭寇攻陷福建兴化府。

戚继光率戚家军由浙江入福建抗倭，获莆田大捷。

明代科学家徐光启出生。

嘉靖四十二年（1563） 癸亥

海瑞 51 岁。

海瑞在兴国任。该县地瘠民贫，尤其难治。海瑞上书南赣都御史吴尧山，言旁人不敢言之事，欲行改革。

七月，戚继光与俞大猷、刘显联军，收复兴化，获兴化大捷。戚继光因首功，进都督同知衔。十月，再命戚继光为福建总兵官，镇守全闽。

恢复澎湖巡检司，派兵进驻澎湖列岛。

明神宗朱翊钧出生。

嘉靖四十三年（1564） 甲子

海瑞 52 岁。

海瑞在兴国任。十月，吏部考核，任职主事。抵京入觐后，授户部云南司主事。

倭寇大举入侵福建，兵围仙游，戚继光领戚家军大战于城下，获大捷。福建倭患基本平定。

俞大猷、汤克宽大破倭寇于广东海丰。

嘉靖四十四年（1565） 乙丑

海瑞 53 岁。

海瑞在户部主事任，上《治安疏》，即后世所称的《直言天下第一事

疏》，批判矛头直指世宗嘉靖皇帝。随即，被捕下狱。

权臣严嵩病死。

胡宗宪狱中自尽。

戚继光联合俞大猷部击败盘踞在广东南澳的倭寇，至此，东南沿海倭寇之乱被全部肃清。

十二月，四川蔡伯贯农民起义。

嘉靖四十五年（1566） 丙寅

海瑞 54 岁。

海瑞被捕下狱论死，以死罪待刑。十二月，世宗嘉靖皇帝驾崩，太子朱载垕即位，是为明穆宗。十二月十五日，海瑞出狱，官复原职，寻改兵部武库司主事。

二月，广东李亚元农民起义。

二月，江西、浙江矿工起义。

明穆宗隆庆元年（1567） 丁卯

海瑞 55 岁。

一月，海瑞晋升尚宝司司丞。四月，海瑞晋升大理寺右丞。十一月，海瑞晋升南京通政司右通政使。

解除海禁，商人可以驾船出海贸易。

三月，蒙古土蛮部进犯辽东长安堡。

九月，俺答率军攻陷石州后屠城，石州百姓被杀五万余人。

谭纶升任蓟辽总督，调戚继光率戚家军北上抗击蒙古诸部。

明代著名文学家、“公安派”领袖袁宏道出生。

隆庆二年（1568） 戊辰

海瑞56岁。

海瑞在通政司任，编写近年著作，刻《备忘集》二卷。

二月，俺答劫掠河北。

戚继光总理蓟州三镇军务，为辅政大臣高拱、张居正所倚重。

八月，陕西魏太清农民起义。

是年，京师、辽东、山东、陕西各处多发地震。

隆庆三年（1569） 己巳

海瑞57岁。

六月，海瑞升任右佥都御史总督粮储应天十府巡抚。海瑞赴应天巡抚任，解决江南水患与灾民问题。

九月，俺答进犯大同。

九月，广东郭明农民起义。

十二月，陕西何术矿工起义。

隆庆四年（1570） 庚午

海瑞58岁。

海瑞在应天巡抚任，疏浚吴淞江、白茆河，打击豪强，清丈田亩，试行“一条鞭法”。因触动大地主阶级利益，被迫罢官。

四月，俺答孙把汉那吉来降，内阁首辅高拱、次辅张居正、总督王崇古、巡抚方逢时借机议和俺答，重开边境贸易，两下罢战。

九月，蒙古黄台吉率部进犯锦州大胜堡。

隆庆五年（1571） 辛未

海瑞59岁。

海瑞回海南闲住。

王崇古申请与俺答互开马市，俺答上表称贡，封俺答顺义王。

戚继光于蓟辽一带修建长城敌台。

隆庆六年（1572） 壬申

海瑞60岁。

海瑞在海南，屡屡致书当地官长，指陈吏治弊端，贡献个人智慧。

三月，安庆发生军变。

五月，明穆宗驾崩，明神宗即位，张居正任内阁首辅。

明神宗万历元年（1573） 癸酉

海瑞61岁。

海瑞在海南。二月，上书会试主考官、内阁大学士吕调阳，提醒他不要在当年会试中包庇内阁首辅张居正的长子，引起天下轰动。

蒙古董呼哩部率部进犯蓟镇，蓟镇总兵戚继光大败之。董呼哩弟长秃再率军至，戚继光再败之，生擒长秃，董呼哩仅以身免。此后，蒙古各部“不敢犯蓟门”。

内阁首辅张居正开始十年“万历新政”改革历程，史称“张居正变法运动”。

万历二年（1574） 甲戌

海瑞62岁。

海瑞闲居海南，犹不忘时事，时有书札与各官长，多论天下时弊。张居正令御史赴海南视察海瑞所作所为，御史见海瑞家居贫瘠，叹息而去。

张居正施行“考成法”。

十月，建州女真首领王杲入侵辽东，辽东总兵李成梁大败之。

明代著名文学家冯梦龙出生。

万历三年（1575） 乙亥

海瑞63岁。

海瑞闲居海南，过着自耕、自给、自足的生活。

夏，长江流域水涝成灾，尤以江苏、浙江灾情严重。

广东人林凤率军攻占吕宋，即今菲律宾马尼拉，驱逐西班牙殖民者。

冬，蒙古绰哈部率兵两万进犯辽东，李成梁大败之，史称“绰哈之役”。

明代著名政治家左光斗出生。

万历四年（1576） 丙子

海瑞64岁。

海瑞闲居海南，过着自耕、自给、自足的生活。

蒙古泰宁部偷袭古北口，戚继光遣兵败之。

戚继光于蓟镇增设屯营，增筑敌台三千座。自此，“边备修饬，蓟门宴然”。

万历五年（1577） 丁丑

海瑞65岁。

海瑞闲居海南，过着自耕、自给、自足的生活。

张居正立法清丈田亩。

明代政治家、抗倭英雄谭纶去世。

万历六年（1578） 戊寅

海瑞 66 岁。

海瑞闲居海南，过着自耕、自给、自足的生活。

正月，蒙古泰宁部进犯辽东，李成梁率部出击，获劈山营大捷。

潘季驯总理河漕，开始大规模治理黄河工程。

明代医学家李时珍撰成《本草纲目》。

明代政治家高拱去世。

万历七年（1579） 己卯

海瑞 67 岁。

张居正全面推行经济改革，天下清丈田亩，海瑞积极为海南当地改革献计献策。

张居正令毁天下书院，严禁利用讲学、议论朝政习气。

十二月，平定广西等地少数民族起义。

万历八年（1580） 庚辰

海瑞 68 岁。

海瑞闲居海南，过着自耕、自给、自足的生活。

张居正清丈田亩完成，总计天下田亩数为 7013976 顷，比弘治年间约增 300 万顷田亩。张居正同时试行“一条鞭法”的经济改革。

张居正请旨编辑历朝宝训、实录。

明代著名军事家、抗倭英雄俞大猷去世。

万历九年（1581） 辛巳

海瑞 69 岁。

海瑞闲居海南，续刻《政事稿》二卷。此年，张居正全面推行“一条鞭法”，海瑞依旧积极为海南当地改革献计献策。

四月，蒙古黑石炭部进犯辽阳，明军长安堡遇伏，史称“辽阳之败”。

张居正下令户部严查王族庄田。

冬，淮河流域暴雨成灾。

万历十年（1582） 壬午

海瑞 70 岁。

海瑞闲居海南。

三月，杭州兵变。

六月，明代著名政治家、改革家张居正去世。

六月，山西大旱。

七月，苏州、松江各地暴雨成灾。

明代著名文学家吴承恩去世。

明末文学家钱谦益出生。

万历十一年（1583） 癸未

海瑞 71 岁。

海瑞闲居海南，对经济改革进展非常关注。

二月，缅甸莽应礼率众进犯云南。

四月，汉江决口，陕西兴安州大水成灾。

意大利传教士利玛窦来华传教，开启西学东渐。

女真努尔哈赤部崛起。

明代政治家徐阶去世。

万历十二年（1584） 甲申

海瑞72岁。

张居正死后，朝臣交章举荐海瑞。冬，吏部拟任海瑞为通政司左通政使。

八月，广西兵变。

明代著名音乐理论家朱载堉出版《律吕精义》，发明十二平均律。

明代政治家袁崇焕出生。

万历十三年（1585） 乙酉

海瑞73岁。

正月，朝廷任命海瑞为南京都察院右都佥御史，到任后，又改任南京吏部右侍郎，署吏部尚书衔。海瑞上《治安策》，欲清查诸司，推行行政改革。

正月，四川兵变。

六月，蒙古泰宁部袭扰沈阳，李成梁败之。

神宗因立太子事，欲废长立幼，与诸大臣争执，史称“国本之争”。

万历十四年（1586） 丙戌

海瑞74岁。

海瑞在南京右都御史任，清查诸司积弊，有提学御史房寰上疏诋毁海瑞，因神宗万历皇帝态度不明，海瑞屡次上疏请致仕回乡，俱不得允。

三月，湖北梅堂农民起义。

七月，蒙古土蛮部进犯辽阳，李成梁败之。

万历十五年（1587） 丁亥

海瑞75岁（按：此为虚龄。因为海瑞生于阴历年末，阳历年初，实龄当为 74 岁)。

冬十月，海瑞病逝于南京。百姓奔走悲号，如丧慈母，扶棺相送者，沿江达上百里。后归葬海南之滨涯。

三月，河南修武发生六级以上地震。

七月，南北各地相继发生旱涝，灾情严重。

十月，湖广郧阳兵变。

冬十二月，明代著名军事家、抗倭英雄戚继光病逝。

明代著名地理学家徐霞客出生。

(说明：本年表依海瑞生卒年为序，所记于海瑞生平大事后，尚有各年中国家与社会生活大事，以求见出海瑞生存时代的社会面貌与兴替变革。)